新伝記

平和をもたらした人びと ②

ナチスに抵抗《ていこう》し
命を散らした若者《わかもの》たち
白バラ

文／間部 香代

新伝記

平和をもたらした人びと②

白バラ

もくじ

白バラってどんな運動？

第二次世界大戦《だいにじせかいたいせん》中のドイツで行われた、ミュンヘン大学の学生たちによる反ナチス抵抗《ていこう》運動。

1942年に、ハンス・ショルとアレクサンダー・シュモレル、クリストフ・プロープストが「白バラ」運動を立ち上げ、1943年にかけて6号分のビラを作成・配布《はいふ》し、戦争を終結させようと国民に呼《よ》びかけた。

しかし、6号目のビラを配布《はいふ》中にハンスと妹のゾフィーが逮捕《たいほ》され、兄妹《きょうだい》と仲間たちが国家反逆罪《はんぎゃくざい》により処刑《しょけい》された。

白バラ

～ナチスに抵抗《ていこう》し命を散らした若者《わかもの》たち～

文／間部《まべ》香代《かよ》

第一章　最期《さいご》の七時間

❖**午前十時、裁判《さいばん》が始まった**

よく晴れた二月の空はやわらかく、あと少し待てば春が来る、まるでそう言っているようだった。

だが、春は本当に来るのだろうか。

ドイツ南部の都市、ミュンヘン*1の裁判所《さいばんしょ》の前で、女子大学生のゾフィーが車から降《お》ろされた。

手には、手錠《てじょう》のにぶい光。ゾフィーは軍服を着たふたりの男

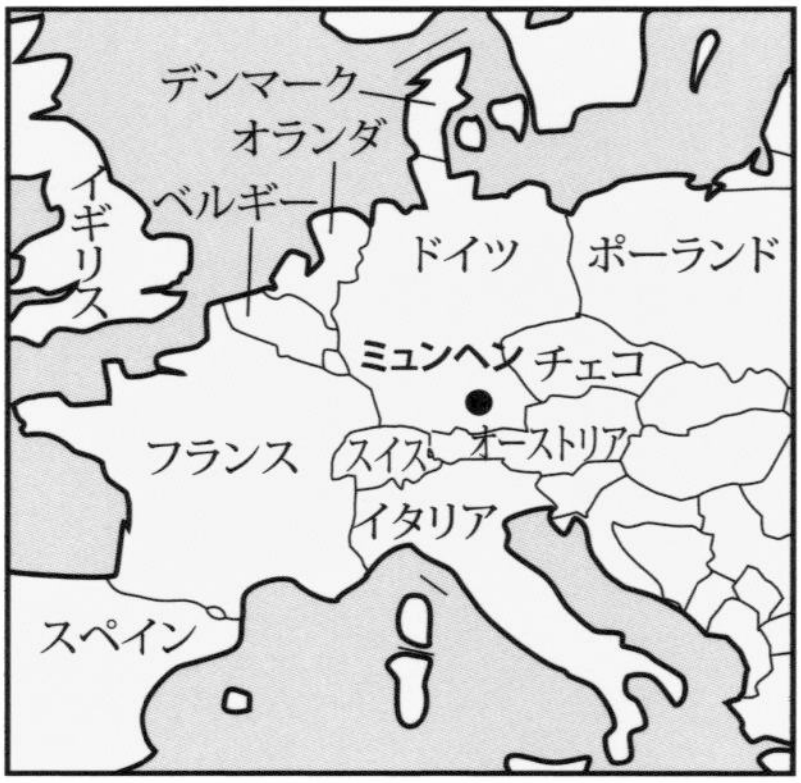

※ヨーロッパ周辺地図。（国境線は現在《げんざい》のもの）

に連れられ、裁判所《さいばんしょ》のなかへ。

続いて同じように車が停《と》まり、男子大学生がひとり、そのあとにもうひとり、裁判所《さいばんしょ》のなかへ連れていかれた。

＊１ミュンヘン…ドイツ南部にある都市。（右の地図参照）

*1第二次世界大戦《だいにじせかいたいせん》中の一九四三年、二月二十二日。

これから三人の大学生が、裁判《さいばん》にかけられる。

ハンス・ショル、二十四歳《さい》。

その妹のゾフィー・ショル、二十一歳《さい》。

友人のクリストフ・プロープスト、二十三歳《さい》。

裁判《さいばん》といっても公正なものではない。*2ナチ政権《せいけん》に抵抗《ていこう》する者を悪とし、ナチスにとって都合のいいように裁《さば》く民族裁判《さいばん》だ。

三人の大学生は、*3アドルフ・ヒトラーを批判《ひはん》した反ナチスのビラをつくり、配布《はいふ》した。その行為《こうい》により、ハンスとゾフィーは四日前に、クリストフは三日前に逮捕《たいほ》されたばかりである。

ハンス、ゾフィー、クリストフの三人が、裁判《さいばん》がとり行われる二一六号法廷室《ほうていしつ》に入ると、すでに満員の*4傍聴席《ぼうちょうせき》から、いっせいに視線《しせん》が向けられた。

傍聴人《ぼうちょうにん》として座っているのは、ほとんどがナチスの関係者だ。

*1 第二次世界大戦《だいにじせかいたいせん》…ドイツ・イタリア・日本などの枢軸国《すうじくこく》と、アメリカ合《がっ》衆国《しゅうこく》・ソ連《れん》・イギリスなどの連合国が戦った世界戦争。一九三九年九月に始まり、一九四三年にイタリアが降伏《こうふく》、一九四五年にドイツと日本が降伏《こうふく》し、戦争が終わった。

*2 ナチ政権《せいけん》…ナチスの政権《せいけん》。ナチスはナチ党《とう》、またナチ党員《とういん》やナチ関連組織《そしき》のメンバーのこと。ナチ党《とう》は、正式には国民（国家）社会主義《しゃかいしゅぎ》ドイツ労働《ろうどう》者党《しゃとう》。全体主義《しゅぎ》的《てき》独裁《どくさい》政《せい》治《じ》を進めた政党《せいとう》。

*3 アドルフ・ヒトラー…（一八八九～一九四五年）ドイツの政治家《せいじか》。ナチス＝ドイツの総統《そうとう》。第二次世界大戦《だいにじせかいたいせん》を引き起こした。

「これは、まったくのサル芝居《しばい》じゃないか。」

ハンスがこらえきれず、ゾフィーの耳元でささやいた。

その後、法廷室《ほうていしつ》にひときわの緊張感《きんちょうかん》が走ったのは、赤い帽子《ぼうし》に赤い法服をまとった男が、いつもながらの冷ややかな眼差《まなざ》しを周囲《しゅうい》に向けながら、威張《いば》りくさって入ってきたときだ。

裁判長《さいばんちょう》を務《つと》めるローラント・フライスラーである。

[*5]「ハイル・ヒトラー！」

フライスラーが右腕《みぎうで》を突《つ》き出し、ナチスの敬礼をすると、

「ハイル・ヒトラー！」

傍聴人《ぼうちょうにん》たちも同様にして叫んだ。

民族裁判所《みんぞくさいばんしょ》長官という高い地位にあり、「首切り裁判長《さいばんちょう》」と呼《よ》ばれる冷血なフライスラーは、この裁判《さいばん》のためだけに、首都のベルリンから飛行機に乗ってやってきたという。

それは、二つのことを意味していた。

＊4　傍聴《ぼうちょう》…裁判《さいばん》などを発言しないで聴《き》くこと。

＊5　「ハイル・ヒトラー！」…「ヒトラー総統《そうとう》、ばんざい」というような意味。

ひとつは、長官が自ら裁《さば》くのにふさわしいほど、ハンスらの抵抗《ていこう》運動がナチスを怒《おこ》らせていたこと。

もうひとつは、裁判《さいばん》の判決《はんけつ》はほぼ決まっているということ。


午前十時、裁判《さいばん》が始まった。

ナチスに都合のいい裁判《さいばん》をするのだから、弁護士《べんごし》はお飾《かざ》りのようなもので、ハンスたちの罪《つみ》を軽くする気はさらさらない。

ゲシュタポ*1（秘密警察《ひみつけいさつ》）本部で行われた、取り調べの内容《ないよう》をもとに、裁判長《さいばんちょう》のフライスラーがわめくのみだった。

その日のフライスラーは、いつになく芝居《しばい》がかっていた。

たまたま裁判所《さいばんしょ》の前を通りかかり、法廷《ほうてい》に途中《とちゅう》から入ったミュンヘン大学の法学部の学生、レオ・ザムベルガーが、このときのことを手記に残している。

「みんなの前で騒《さわ》がしく怒鳴《どな》り、声を張《は》り上げ、何度も席から

---

*1 ゲシュタポ（秘密警察《ひみつけいさつ》）…ナチスに反対する運動を取り締《し》まった。

立ち上がっていたのは、悪名高《あくみょう》き民族裁《みんぞくさい》判所《ばんしょ》長官、ローラント・フライスラーだった。彼《かれ》は被告《ひこく》たちを愚《おろ》かな犯罪者《はんざいしゃ》に仕立てようとするのだが、被告《ひこく》たちの態度《たいど》が立派《りっぱ》なため、思いどおりに裁判《さいばん》を進めるのに苦労しているようだった。」

三人は落ち着いていた。ハンスの手は少し震《ふる》えていたが、ゾフィーとクリストフは身動きひとつしなかった。

「いったいどうして、こんなことをしでかしたんだ。」

フライスラーの質問《しつもん》に、ゾフィーはきっぱりと答えた。

「だれかが始めなければならないのです。

私《わたし》たちが言ったり書いたりしてきたことは、多くの人が考えていることですから。ただ、それを口に出す勇気が持てないだけなのです。」

黒みがかった大きな瞳《ひとみ》で、ゾフィーはフライスラーを見つめ、そして傍聴席《ぼうちょうせき》を見渡《みわた》した。

「私《わたし》たちの首は今日落ちますが、あなたがたの首も、あとから落ちるのですよ。」

❖午後一時半、判決《はんけつ》が下る

裁判《さいばん》の途中《とちゅう》で、ハンスとゾフィーの父、ローベルトが法廷《ほうてい》に入ってきた。

「子どもたちの刑《けい》を、どうか軽く！」

その訴《うった》えをフライスラーは簡単《かんたん》に退《しりぞ》け、ローベルトはすぐに外に連れていかれた。

最後に発言の機会が与《あた》えられると、ハンスは強く願った。

「クリストフの命だけは、奪《うば》わないでください。」

ビラの抵抗《ていこう》運動において、クリストフが行ったことはわずかである。さらに、彼《かれ》には妻《つま》と三人の子どもがおり、ひとりは先月生まれたばかりなのだ。

しかしそれも、

「自分のことでないなら、黙《だま》っていろ！」

フライスラーは、はねのけた。

午後一時三十分になろうとするころ、裁判官《さいばんかん》が審議《しんぎ》のために席を立ち、短い休憩《きゅうけい》となった。

その休憩中《きゅうけい》、傍聴席《ぼうちょうせき》では妙《みょう》にめかしこんだ男が注目を集めていた。ミュンヘン大学で、ハンスとゾフィーを捕《つか》まえた用務員《＊1ようむいん》のヤーコプである。彼《かれ》は、周囲《しゅうい》の人から「陰《かげ》の英雄《えいゆう》」とおだてられ、うれしそうに肩《かた》を揺《ゆ》らしていた。

＊1 用務員《ようむいん》…学校や会社などで、さまざまな業務《ぎょうむ》や雑務《ざつむ》をする人。

審議《しんぎ》はすぐに終わり、法廷《ほうてい》はふたたび満員に。
一同が静まりかえると、フライスラーが判決《はんけつ》を下した。
「ギロチン[*1]による死刑《しけい》。」
本来なら、判決《はんけつ》から死刑《しけい》までは九十九日の期間が与えられる。
しかし彼《かれ》らの死刑《しけい》は、その日に執行《しっこう》されることとなった。
ナチスへの抵抗《ていこう》運動をすれば、どういうことになるのか。
この処刑《しょけい》は、それを知らしめるのに十分な効果《こうか》があるからだ。

❖午後四時、両親との別れ

三人は、ミュンヘン南部にあるシュターデルハイム執行刑務所《しっこうけいむしょ》に移《うつ》された。

ハンスとゾフィーの両親は、きわめて珍《めずら》しい例ではあるが、子どもたちと面会することができた。だが両親はこのとき、子どもたちがその日のうちに死刑《しけい》になることを、まだ知らない。

＊1 ギロチン…受刑者《じゅけいしゃ》の首を固定し、上から刃物《はもの》を落下させて首をはねる死刑《しけい》の装置《そうち》。

午後四時、囚人服《しゅうじんふく》を着たハンスが両親の前に現《あらわ》れた。

「お父さん、僕《ぼく》はだれに対しても、恨《うら》みとか憎《にく》しみとか、そんなものはありません。すべて乗り越《こ》えましたから。」

父がハンスを腕《うで》に抱《だ》きしめた。

「お前たちの名は、歴史《れきし》に残る。正義《せいぎ》は存在《そんざい》する。」

(お父さん……。先に死ぬ、僕《ぼく》を許《ゆる》して。)

ハンスは父の腕《うで》のなかで、最期《さいご》のぬくもりを感じていた。

ハンスが部屋を出たあと、ゾフィーが入ってきた。

「そういえば、お昼に何も食べていなかったわ。」

いつもと変わらぬ笑《え》みを浮《う》かべながら、ゾフィーは母が持ってきたお菓子《かし》を口に入れた。

「ゾフィー、お前は二度と家に戻《もど》ってこないのかい。」

お菓子《かし》を口に運ぶゾフィーの手が、止まった。

（あのあたたかいウルムの家には、もう帰れない。お母さんとも、もう会えない。会えるとしたら……。）

「お母さん、いずれ天国で会えるわ。」

そしてゾフィーは、自分が死ぬことの意味について、しっかりとした口調で語った。

「私《わたし》たちが死んで、私《わたし》たちのやってきたことが知れわたれば、ドイツの人たちにとって大きな波が訪《おとず》れるでしょう。」

両親との短い面会を終えたあと、ゾフィーは目をうるませた。逮捕《たいほ》されてから、初めての涙《なみだ》だった。

クリストフは、家族のだれにも会うことができなかった。妻《つま》は三人目の子どもを産んだあと入院していたため、刑務所《けいむしょ》に来ることができなかったのだ。

ハンスらが両親と会っているあいだ、クリストフはカトリッ

クリストフは、処刑のわずか数時間前に、カトリック司祭から洗礼《せんれい》を受けていた。両親と同じカトリック信者になる。彼《かれ》は死ぬ一時間前に、それを果たした。

処刑《しょけい》を待つ少しの間に、三人は一本の煙草《たばこ》をまわして吸《す》った。

二度と会えないはずの三人が、ともに過《す》ごすことができたのは、刑務所《けいむしょ》の看守《かんしゅ》たちの計らいによるものだ。

ヒトラーに抵抗《ていこう》した若《わか》い大学生が、このあと死刑《しけい》になる。勇敢《ゆうかん》な彼《かれ》らに心を動かされた看守《かんしゅ》たちが、見つかれば罰《ばっ》せられるとわかった上で、三人に最期《さいご》の時間を与《あた》えたのだ。

彼《かれ》らに、もう言葉は必要なかった。

普段《ふだん》は無口なクリストフが、ぼそりとつぶやいた。

「死ぬことが、こんなにたやすいとは知らなかったよ。」

ナチス＝ドイツの言論統制《げんろんとうせい》

ナチスの政権下《せいけんか》では、国民の言論《げんろん》の自由が奪《うば》われました。

ナチスの宣伝省《せんでんしょう》が報道《ほうどう》や芸術《げいじゅつ》を管理

1933年、アドルフ・ヒトラー率《ひき》いるナチスが政権《せいけん》を握《にぎ》ると、宣伝《せんでん》大臣ゲッベルス[*1]を長とする宣伝省《せんでんしょう》が設《もう》けられました。宣伝省《せんでんしょう》の目的は、新聞やラジオなどの報道《ほうどう》や演劇《えんげき》や映画《えいが》などの芸術《げいじゅつ》をナチスの宣伝《せんでん》のために管理することでした。

そして、ユダヤ人やロシア人を悪く描《えが》き、戦争を良しとする作品だけをドイツ国民に見せるようにしたのです。

2万5千冊《さつ》以上の本を燃《も》やした

1933年5月、ナチスの学生たちはドイツ全土の図書館や書店を襲撃《しゅうげき》して、ナチスの考えに反する本を「ドイツ人が読むべきでない本」として、2万5千冊《さつ》以上燃《も》やしました。

演説《えんぜつ》するアドルフ・ヒトラー。（写真：アフロ）

ナチスを批判《ひはん》した者は国家反逆罪《はんぎゃくざい》で死刑《しけい》に

さらにナチスは、政権《せいけん》に対して批判的《ひはんてき》な発言をしたり、ビラをまいたりした人物を「国家反逆罪《はんぎゃくざい》」で逮捕《たいほ》しました。

第二次世界大戦《だいにじせかいたいせん》でドイツが降伏《こうふく》するまでの間に、軍人や民間人数万人が国家反逆罪《はんぎゃくざい》で死刑《しけい》を言い渡《わた》され、そのうちの3分の2の人が実際《じっさい》に処刑《しょけい》されたといわれています。

❖午後五時、処刑《しょけい》

ギロチンの処刑室《しょけいしつ》は、正方形のホールのような部屋で、高さ五メートルほどのコンクリートの壁《かべ》で囲《かこ》まれていた。

処刑《しょけい》された人の霊《れい》が天に羽ばたいていけるよう、屋根はない。空はまだ少し明るく、冬が終わろうとしていた。

しかし彼《かれ》らに、春はもう来ない。

処刑《しょけい》は、午後五時きっかりに始まった。

はじめに、ゾフィーが連れていかれた。

ゾフィーが処刑室《しょけいしつ》に入ると、黒いシルクハットをかぶり、黒い上着に黒い蝶《ちょう》ネクタイをした死刑執行人《しけいしっこうにん》が立っていた。

ふたりの守衛《しゅえい》がゾフィーをギロチンの台の上に固定すると、刃《は》が勢《いきお》いよく落ち、その首がはねられた。

次に、ハンスが処刑室《しょけいしつ》に入った。ハンスは、二十四年の人生の最期《さいご》に叫《さけ》んだ。

＊1 ゲッベルス…（一八九七～一九四五年）ドイツの政治家《せいじか》。ナチスの宣伝《せんでん》などを担当《たんとう》した。

「自由ばんざい！」

そして首をはねられた。

最後に、クリストフが処刑室《しょけいしつ》に入った。彼《かれ》は彼《かれ》らしく、静かに首をはねられた。

第二章 ハンスとゾフィー

❖ショル家の人たち

一九三二年。

ハンスたちが処刑《しょけい》された年から、およそ十年前。

「どの部屋からも、大聖堂《だいせいどう》が見えるわ！」

ドイツ南部にあるウルム[*1]の町に、ショル家が越《こ》してきた。

ハンスが十四歳《さい》、ゾフィーが十一歳《さい》のときだ。

アパートはウルム大聖堂《だいせいどう》に面していて、窓《まど》の外には世界一高いといわれる、とげとげしい塔《とう》が空を刺《さ》していた。

ウルム大聖堂《だいせいどう》といえば、その高さだけでなく、建築《けんちく》に五百年もの歳月《さいげつ》がかけられたことでも知られる。一八九〇年に完成し

＊1 ウルム…ミュンヘンから約120km西にある都市。

て以来、町の誇《ほこ》り高きシンボルとなっていた。

父と、母と、五人の子どもたち。

兄妹《きょうだい》は上から、長女のインゲ、長男のハンス、次女のエリーザベト、三女のゾフィー、次男で末っ子のヴェルナー。

ハンスとエリーザベトのみ二歳離《さいはな》れており、ほかはみな一歳《さい》違《ちが》い。年の近い五人の兄妹《きょうだい》は、のびやかに育てられた。

ウルムはにぎやかな町でありながら、アパートから南に五分も歩けばドナウ川が流れ、町のはずれには田園が広がっている。兄妹《きょうだい》は大きな空の下で、自然とたわむれながらよく遊んだ。

父のローベルトは、かつて暮《く》らした二つの町では町長をしていたが、ウルムでは会計士《*1かいけいし》や税理士《*2ぜいりし》として、自宅《じたく》と同じアパートにオフィスをかまえた。

母のマグダレーネは、信心深く、奉仕《ほうし》の心を持っていた。若《わか》いころには看護師《かんごし》をしていて、夫のローベルトとはドイツ陸軍

＊1 会計士《かいけいし》…大きな企業《きぎょう》の財務《ざいむ》を監査《かんさ》する人。
＊2 税理士《ぜいりし》…企業《きぎょう》や個人《こじん》の税務《ぜいむ》を行う人。

ハンス・ショル、1940 年ごろ。(写真：アフロ)

の病院で出会った。第一次世界大戦中《だいいちじせかいたいせんちゅう》[*1]のことである。

ショル家には友人たちが多く訪《おとず》れ、いつもにぎやかだった。

そして兄妹《きょうだい》の近くには、いつも本があった。

ハンスもゾフィーも、幼《おさな》いころには挿《さ》し絵《え》の入った童話や聖《せい》書《しょ》、意味がわからない詩にもひかれた。やがて美しい文を読むようになり、さらには哲学《てつがく》や宗教《しゅうきょう》に関する書物など、幅広《はばひろ》く、より深い読書体験へとつながっていった。

読書だけではない。ハンスはギターを鳴らして歌い、ゾフィーはピアノがうまく、絵の才能《さいのう》もあった。

家族は会話も多かった。本について、音楽や絵画といった芸《げい》術《じゅつ》について、ときには宗教《しゅうきょう》について。

特定の宗教《しゅうきょう》を信じない父のローベルトと、キリスト教を信仰《しんこう》する長女のインゲは、よくこんな会話をしていた。

「インゲ、おまえは賢《かしこ》いのに、そういうものに頼《たよ》るとはね。」

＊1 第一次世界大戦《だいいちじせかいたいせん》…一九一四年に始まった世界規模《きぼ》の戦争。ヨーロッパの多くの国が巻き込《ま》《こ》まれ、一九一八年に終結した。

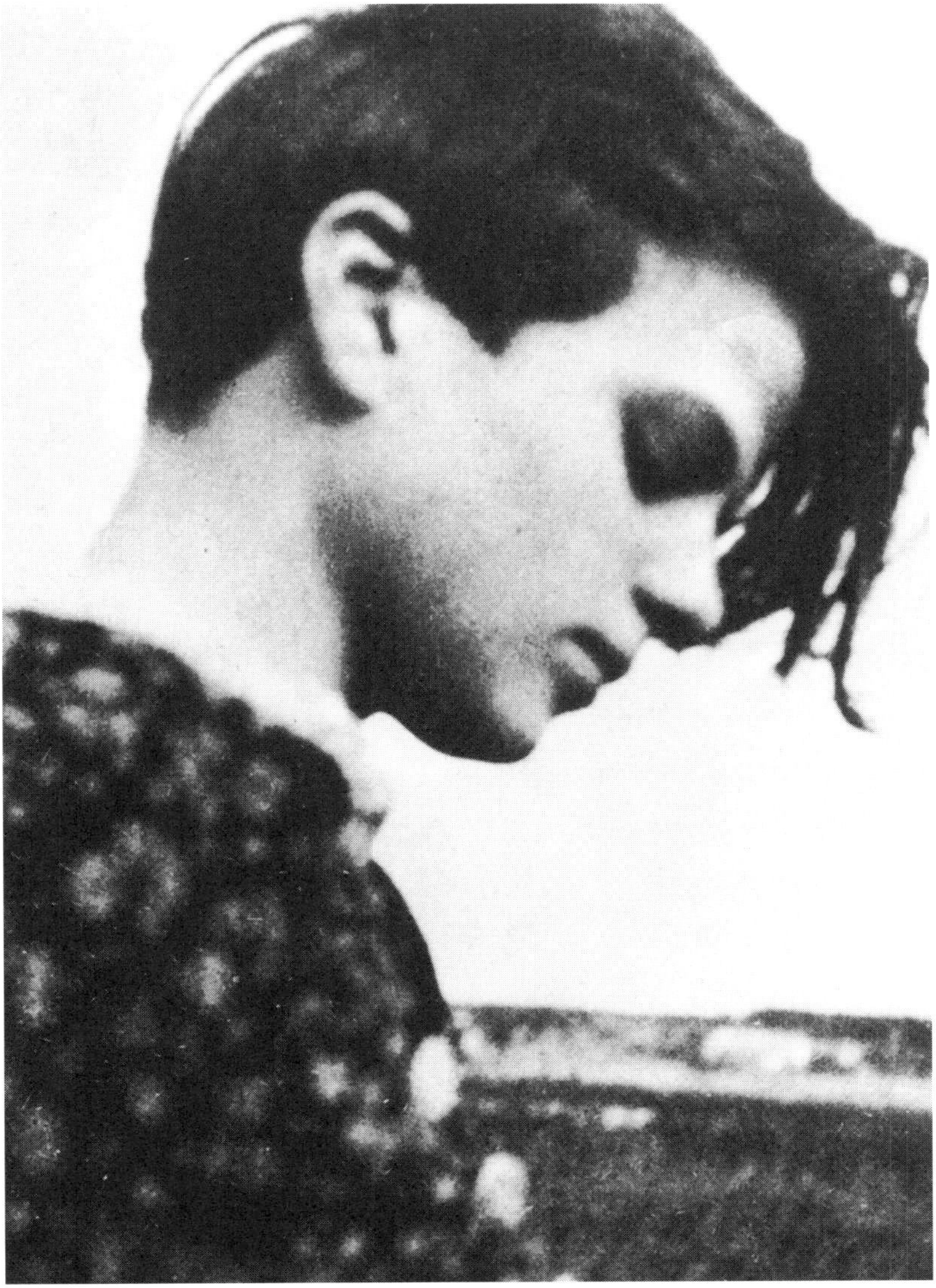

ゾフィー・ショル、1938年ごろ。(写真：アフロ)

「お父さんこそ、頭がいいのにキリスト教が必要ないなんて、おかしいわ。」

父は上から言いくるめることなく、子どもたちの声に耳を傾《かたむ》けたし、子どもたちはたとえ自分の意見と違《ちが》っても、父の言葉を忘《わす》れることはなかった。

そんな穏《おだ》やかな暮《く》らしに、ある日を境《さかい》にして暗い影《かげ》が差しはじめた。

ほかでもない、アドルフ・ヒトラー率《ひき》いるナチスが、ドイツの政権《せいけん》を握《にぎ》った一九三三年一月三十日、その日である。

❖ヒトラーの引力

歴史《れきし》というものは、あとになってみれば、さまざまな角度から振《ふ》り返《かえ》ることができるが、その時代を生きている人は、目の前で起きていることに精一杯《せいいっぱい》になりがちだ。

そういう点で、ヒトラーはあまりに巧《たく》みだった。

ドイツ国民の目の前にある問題を、すべて解決《かいけつ》してみせると約束したのだ。

当時のドイツは、第一次世界大戦《だいいちじせかいたいせん》で敗北し、戦争に勝ったイギリス、フランス、アメリカなどの連合国が定めたベルサイユ[*1]条約《じょうやく》によって、多額《たがく》の賠償金《ばいしょうきん》が要求されていた。

さらに[*2]世界恐慌《せかいきょうこう》によって経済《けいざい》が落ち込《こ》み、失業者が増《ふ》え、物価《ぶっか》が急上昇《きゅうじょうしょう》。ドイツの人びとは、将来《しょうらい》への恐怖《きょうふ》と不安を抱《かか》えながら、やり場のない怒《いか》りに震《ふる》えていた。

この苦しい状況《じょうきょう》から、ヒトラーは「四年以内にドイツの国家

*1 ベルサイユ条約《じょうやく》…第一《だいいち》次世界大戦《じせかいたいせん》後、ドイツが連合国との間で結んだ条約《じょうやく》。一九一九年にフランスのベルサイユで調印された。

*2 世界恐慌《せかいきょうこう》…一九二九年にアメリカ合衆国《がっしゅうこく》で株価《かぶか》が暴落《ぼうらく》したことに始まった世界規模《きぼ》のひどい不景気状態《じょうたい》。一九三〇年代後半まで続いた。

と経済《けいざい》を立て直す」と宣言《せんげん》したのだ。

具体的で力強い演説《えんぜつ》に、ドイツの国民は酔《よ》いしれた。

ショル家の長女・インゲは、のちにこう記している。

「ある朝、学校でクラスメイトが『とうとうヒトラーが政権《せいけん》をとったのよ。』と言うのが聞こえました。生まれて初めて、政治《せいじ》が私《わたし》たちの世界に入ってきたのです。ハンスは十五歳《さい》、ゾフィーは十二歳《さい》でした。私《わたし》たちの耳に、祖国《そこく》に関する言葉がたくさん入ってきました。」

ヒトラーは、「祖国《そこく》」「同志《どうし》」「郷土愛《きょうどあい》」といった言葉をよく使った。これらの言葉は、自然とたわむれて育ったショル家の兄妹《きょうだい》の心を、そして祖国《そこく》を愛するドイツ人の心をあたためた。

祖国《そこく》のための新しい政治《せいじ》が、一気に動き出した。

ヒトラーは、高速道路を建設《けんせつ》し、失業者を減《へ》らし、労働者にマイカー（自家用自動車）を持たせて休日を充実《じゅうじつ》させ、育児も支援《しえん》。

その一方で、ゲシュタポという秘密警察《ひみつけいさつ》を率《ひき》いて、ヒトラーやナチ政権《せいけん》に抵抗《ていこう》する者を逮捕《たいほ》し、裁判《さいばん》で死刑《しけい》にする権力《けんりょく》を握《にぎ》った。法律《ほうりつ》さえ、彼《かれ》らの意のままになったのだ。

ドイツの最高指導者《しどうしゃ》＊1「総統《そうとう》」は、こうして生まれた。

学校や公共の施設《しせつ》にヒトラーの肖像《しょうぞう》が飾《かざ》られ、

「ハイル・ヒトラー！」

総統《そうとう》に敬礼《けいれい》を捧《ささ》げる声が、町のあちこちで響《ひび》きはじめた。

さらにヒトラーは、政治《せいじ》に関してはまだほんの子どもといっていい、ショル家の兄妹《きょうだい》のような若者《わかもの》たちにも手招《てまね》きをした。

ナチスの青年団《せいねんだん》、「ヒトラーユーゲント」だ。

ドイツの青少年の多くが、ヒトラーユーゲントに加入した。

ほかの青年団《せいねんだん》活動と同じように、仲間とキャンプをしたり、朗読《ろうどく》や合唱をしたりするほか、ヒトラーユーゲントでは、ナチ

＊1　総統《そうとう》…最高指導者《しどうしゃ》。特にナチス＝ドイツにおけるヒトラーの地位に用いられることがある。

スへの忠誠《ちゅうせい》をうながすような話も聞かされた。

若者《わかもの》たちは、ドイツの未来を支《ささ》える存在《そんざい》として、特別に扱《あつか》われた。金具のついた制服《せいふく》を着て、旗《はた》をなびかせ、歌と太鼓《たいこ》に合わせて列をなして行進する。

ハンスたちも、得意《とくい》になって参加していた。

ところが、父のローベルトはヒトラーユーゲントの存在《そんざい》を真《ま》っ向《こう》から否定《ひてい》した。

親子はしばしば口論《こうろん》となり、なかでもヒトラー熱にだれよりもかかっていたハンスは、父と激《はげ》しくぶつかった。

「ハンス、ヒトラーなんか信じてはいけない。」

「公約のとおり、失業者を減《へ》らしているではないですか。」

「失業者を働かせて、軍需《ぐんじゅ》工業を発展《はってん》させて、兵舎《へいしゃ》を建てて、これではいずれ戦争になる。」

父は、こうも言った。

＊1 野戦《やせん》病院…戦場の近くに置かれ、負傷《ふしょう》した兵士《へいし》の手当てをする臨時《りんじ》の病院。
＊2 衛生兵《えいせいへい》…軍隊で、医療《いりょう》や衛生《えいせい》管理に関わることをする兵士《へいし》。

「表現《ひょうげん》の自由や信仰《しんこう》の自由に口出しをして、権利《けんり》を奪《うば》いとる政府《せいふ》など信頼《しんらい》できるはずがない。」

どこの家庭でも、ヒトラーユーゲントに加入した子どもと、その親が口論《こうろん》していたのかといえば、そうではない。そのころ多くの大人は、ヒトラーに不満を持っていなかったのだ。

ショル家の父、ローベルトは若《わか》いころから平和主義者《しゅぎしゃ》だった。

妻《つま》のマグダレーネと、第一次世界大戦《だいいちじせかいたいせん》時に*1野戦《やせん》病院で知り合ったのも、ローベルトが武《ぶ》器《き》で戦うことを拒否《きょひ》し、*2衛生兵《えいせいへい》として野戦《やせん》病院で働いていたからだ。

父は早い段階《だんかい》でヒトラーのうさん臭《くさ》さを嗅《か》

ぎわけ、その奥《おく》に隠《かく》された戦争の気配を感じていた。

しかし何度説いても、ハンスには伝わらなかった。

父親の思うとおりにはしたくない、ハンスはそういう年ごろであったし、父と対等に議論《ぎろん》ができるようになった自分を、どこか誇《ほこ》らしく思っていたのかもしれない。

ふたりの口論《こうろん》を、妹のゾフィーはいつも静かに聞いていた。

❖まやかし[*1]への違和感《いわかん》

ハンスには、生まれながらにリーダーの素質《そしつ》があった。人間性《にんげんせい》だけでなく外見の良さもあり、自信に満ちた動きや話し方が、見る人をひきつけた。

ヒトラーユーゲントに加入して数か月もすると、中隊長に昇格《しょうかく》。百五十人を抱《かか》えるグループを率《ひき》いていた。

一九三六年、十八歳《さい》になる直前のハンスは、ナチスの党大会《とうたいかい》

*1 まやかし…ごまかして作られたもののこと。にせもの。

で、大隊旗《だいたいき》の旗手《きしゅ》を務《つと》めることになった。

党大会《とうたいかい》とは、ナチスの圧倒的《あっとうてき》な力を見せつける祝典のようなもので、毎年九月にニュルンベルク[*2]で一週間にわたって華《はな》やかに開催《かいさい》され、二十万人ほどの党員《とういん》が参加し、団結《だんけつ》を誓《ちか》った。

旗手《きしゅ》という名誉《めいよ》にハンスは喜《よろこ》び、ウルムの人びとも注目した。

しかし党大会《とうたいかい》からウルムに戻《もど》ってきたハンスの表情《ひょうじょう》には、明らかな異変《いへん》が見られた。

出発前の晴れやかさが消え失《う》せ、その顔にあったのは疲労《ひろう》と幻滅《げんめつ》。党大会《とうたいかい》で見聞きしたナチスの理想が、まやかしであることに気づき、ハンスはすっかり冷めてしまったのだ。

個性《こせい》を認《みと》めず、忠誠《ちゅうせい》を誓《ちか》わせ、並《なら》ばせ、歩かせ、長い演説《えんぜつ》を聞かせ、熱狂《ねっきょう》をあおり、「ハイル・ヒトラー！」。

そこに、なんの意味があるというのか。

さらには、党大会《とうたいかい》からしばらくのち、ヒトラーユーゲントの

＊2 ニュルンベルク…ドイツ南部にある都市。（141ページの地図参照）

キャンプ会場で、ハンスは読んでいた本を取り上げられた。

それはユダヤ人の作家が書いた本だった。ナチスはユダヤ人の本の刊行《かんこう》を禁《きん》じ、それを読むことも禁止《きんし》していたのだ。

その少し前のキャンプファイヤーでも、ハンスがギターを弾《ひ》きながらロシアやノルウェーの歌を歌っていると、他民族の歌という理由で、歌うことを禁《きん》じられた。

（ナチスだけを見るよう、視野《しや》を狭《せば》められていたのか。）

そうしたやり方のすべてが、しらじらしく感じられた。

「表現《ひょうげん》の自由や信仰《しんこう》の自由に口出しをして、権利《けんり》を奪《うば》いとる政《せい》府《ふ》など信頼《しんらい》できるはずがない。」

かつての父の言葉は、やはり正しかったのだ。

それでもハンスは、中隊長であることを無責任《むせきにん》に放り投げず、中隊の気持ちをひとつにするために、隊のメンバーにオリジナルの旗《はた》をデザインさせた。

しかしそれを見つけた大隊長が、旗《はた》を持っている少年の手から旗《はた》を取り上げようとした。

「このまま持たせてあげてください。」

ハンスは抗議《こうぎ》したが、大隊長は力ずくで旗《はた》を没収《ぼっしゅう》。その瞬間《しゅんかん》、ハンスは大隊長につかみかかり、その頬《ほお》を張《は》りとばした。

この日を境《さかい》にハンスは中隊長ではなくなったが、そんなことは痛《いた》くもかゆくもなかった。

ヒトラーユーゲントは男子を対象《たいしょう》としていたため、同じ年代の女子は「ドイツ女子同盟《どうめい》」に所属《しょぞく》した。

ドイツ女子同盟《どうめい》ではゾフィーも中隊長だったが、ハンスに続いてゾフィーもまた、意味のないお祭り騒《さわ》ぎに嫌気《いやけ》がさし、その熱は冷めていった。

❖初めての逮捕《たいほ》

ヒトラーユーゲントができる前から、ドイツにはいくつかの青年団《せいねんだん》があり、十代の青少年がさまざまな経験《けいけん》をしていた。

そのひとつに「ドイツ青年団《せいねんだん》十一月一日」という青年団《せいねんだん》があった。一九二九年の十一月一日に結成されたことからそう名付けられ、「ド青11・1」とも呼《よ》ばれていた。

ハンスは、ヒトラーユーゲントに加入したあと、仲間とともに「ド青11・1」の支部《しぶ》をつくった。キャンプをしたり、ハイキングをしたり、だが敬礼《けいれい》や行進はしない。軍隊を育てるのではなく、心の豊《ゆた》かさや強さを養うものだった。

そんななか、ナチスはすべての青少年にヒトラーユーゲントへの加入を義務《ぎむ》づけ、ほかの青年団《せいねんだん》活動を禁止《きんし》。「ド青11・1」の活動も禁《きん》じられたが、ウルムではハンスが中心となり、ほかの町でもグループができていった。

＊1 ヒッチハイク…通りかかった自動車やトラックなどを呼《よ》びとめ、無料で便乗させてもらいながら続ける旅行。

＊2 バラライカやバンジョー…バラライカはロシアの弦《げん》楽器、バンジョーはアメリカの弦《げん》楽器。

「ド青11・1」では、ヒッチハイク[*1]でスウェーデンやフィンランド、シチリア島にまで旅をした。旅先では、ナチスに監視《かんし》されることなくロシアやアメリカの歌を歌い、バラライカ[*2]やバンジョーといった、やはり禁《きん》じられている楽器を弾《ひ》いた。

加えて、彼《かれ》らが大切にしたのが読書である。禁《きん》じられた本も自由に読み、討論《とうろん》をし、哲学《てつがく》を語り合った。

「ド青11・1」に加入できるのは十二歳《さい》以上の男子だったため、ゾフィーたち姉妹は参加できなかったが、集会はしばしばショル家で開かれた。

詩を書いたり、芝居《しばい》をしたり、作曲をしたりする彼《かれ》らに、ゾフィーたちはいつも心地よい刺激《しげき》を受けていた。

一九三七年、ハンスは高校を卒業。

大学入学資格《しかく》試験は終了《しゅうりょう》していたが、入学前に勤労奉仕《きんろうほうし》[*1]をしなくてはならず、道路の建設現場《けんせつげんば》で働いた。

勤労奉仕《きんろうほうし》を終えたあとは、二年間の兵役《へいえき》があり、乗馬が好きだったハンスは陸軍騎兵《きへい》部隊に入隊。

シュトゥットガルトという町の近くで訓練を受けているとき、嫌《いや》な知らせが届《とど》いた。姉弟《きょうだい》が逮捕《たいほ》されたというのだ。

その日、ウルムのショル家で、朝早く玄関《げんかん》ベルがなった。

「ドアを開けろ!」

ヒトラーユーゲント以外の青年団《せいねんだん》活動が禁止《きんし》されているなか、「ド青11・1」の活動を知ったゲシュタポが、そのメンバーと思われる者を逮捕《たいほ》していたのだ。

ふたりの男が入ってきて、そのとき家にいた長女のインゲ、ゾフィー、そして末っ子のヴェルナーが逮捕《たいほ》された。

---

*1 勤労奉仕《きんろうほうし》…公共的な目的のために賃金《ちんぎん》をもらわずに働くこと。

三人は市内の拘置所《こうちしょ》に入れられ、ゾフィーはその日のうちに釈放《しゃくほう》されたが、インゲとヴェルナーは一週間ほど勾留《こうりゅう》*2された。

インゲとヴェルナーが釈放《しゃくほう》されたころ、今度は騎兵《きへい》部隊の兵《へい》舎《しゃ》でハンスが逮捕《たいほ》された。

手錠《てじょう》をかけられ、ゲシュタポ本部に連行されて、取り調べは数週間にわたった。

*2 勾留《こうりゅう》…罪《つみ》の疑《うたが》いのある者を、裁判《さいばん》などまで一定の場所に留《とど》めておくこと。

ようやく五週間後に釈放《しゃくほう》されたが、それは騎兵《きへい》部隊の隊長がゲシュタポに掛《か》け合って、取り調べを急がせてくれたからだ。

（自分のせいで、姉弟《きょうだい》たちまで……）

ハンスは、ナチスの容赦《ようしゃ》ないやり方に深く傷《きず》つき、自分を責《せ》め続けた。

両親も、子どもたちが逮捕《たいほ》されたことにショックを受け、父のローベルトは、インゲとゾフィーとともにドナウ川のほとりを散歩しながら、怒《いか》りをあらわにした。

「あいつらが子どもたちに危害《きがい》を加えたら、ベルリンまで行って、あいつをぶっ殺《ころ》してやる。」

しかしナチスは、それが通用するものではなくなっていた。

ナチスを少しでも悪く言うだけで、逮捕《たいほ》されるのだ。

ヒトラー率《ひき》いる*1「第三帝国《だいさんていこく》」に、もはや国民の自由など存在《そんざい》しなかった。

＊1 第三帝国《だいさんていこく》…ナチスは自らの国を、神聖《しんせい》ローマ帝《てい》国《こく》（第一帝国《だいいちていこく》）、第一次世界大戦《だいいちじせかいたいせん》で消滅《しょうめつ》したドイツ帝国《ていこく》（第二帝国《だいにていこく》）に次ぐ第三《だいさん》の帝国《ていこく》と呼《よ》んだ。

❖ユダヤ人迫害《はくがい》とヒトラーの夢《ゆめ》

一九三五年、ナチスは「ニュルンベルク法《ほう》」[*2]を制定《せいてい》。ユダヤ人から市民権《しみんけん》を奪《うば》い、ユダヤ人にはドイツ人またはその血族との結婚《けっこん》を禁《きん》じた。

ヒトラーは、ドイツ人に代表される「アーリア人」[*3]が民族のなかで最も優《すぐ》れ、ほかの民族を支配《しはい》すべきだと考えていたのだ。

ゾフィーのクラスに、ユダヤ人の女の子がふたりいた。アンネリーゼと、ルイーゼ。ふたりには、ドイツ女子同盟《どうめい》への入団《にゅうだん》が許《ゆる》されていなかった。

ニュルンベルク法《ほう》ができると、ふたりは別の学校に転校させられ、映画館《えいがかん》やプール、公園に行くことも許《ゆる》されなくなった。

「どんなことがあっても、私《わたし》たちは友だちよ。」

ゾフィーはふたりと変わらず仲良くし、アンネリーゼとは互《たが》いの家を行き来する関係を続けた。

---

*2 ニュルンベルク法《ほう》…ユダヤ人からドイツの市民《しみん》権《けん》を奪《うば》い、ユダヤ人がドイツ人と結婚《けっこん》することなど、あらゆる権利《けんり》を奪《うば》った法律《ほうりつ》。

*3 アーリア人…ナチスが独自《どくじ》に定義《ていぎ》してつくり上げた人種。もとはヨーロッパとアジアの一部の言語を話す人びとの集団《しゅうだん》をさす語。

だが、ユダヤ人への迫害《はくがい》は、ますますひどくなっていく。

一九三八年十一月のある晩《ばん》、ドイツのいたるところで、ユダヤ人の店や家の窓《まど》が割《わ》られ、ユダヤ教徒が礼拝《れいはい》をするシナゴーグ[*1]が放火された。ナチスの突撃隊《とつげきたい》[*2]の仕業《しわざ》である。

破壊《はかい》されたガラス片《へん》が月明かりに照らされ、水晶《すいしょう》のようだったことから、この事件《じけん》は「水晶《すいしょう》の夜（クリスタルナハト）」と呼《よ》ばれる。その晩《ばん》、数千人のユダヤ人が暴行《ぼうこう》され、強制収容所《きょうせいしゅうようじょ》[*3]に連れていかれた。

それだけではない。ヒトラーはユダヤ人の企業《きぎょう》をつぶしてドイツ人の企業《きぎょう》にし、その資産《しさん》を没収《ぼっしゅう》して、のちの戦争のための資金《しきん》に充《あ》てた。

ドイツには、人口の一パーセントにあたる約五十万人のユダヤ人がいた。そのユダヤ人が町から消え、迫害《はくがい》されている。

ドイツの人びとは胸《むね》を痛《いた》めていた。

---

*1 シナゴーグ…ユダヤ教の礼拝堂《れいはいどう》。

*2 突撃隊《とつげきたい》…ナチスの防衛《ぼうえい》組織《そしき》。軍隊に似《に》た組織《そしき》で、武力攻撃《ぶりょくこうげき》も行った。略称《りゃくしょう》SA《エスアー》。

*3 強制収容所《きょうせいしゅうようじょ》…政治《せいじ》的な理由などで、反体制《はんたいせい》と認《にん》定《てい》した市民を強制《きょうせい》的に収容《しゅうよう》する施設。

ナチスによって強制収容所《きょうせいしゅうようじょ》に連れて行かれるユダヤ人。(写真：AP/ アフロ)

彼《かれ》らがヒトラーを選んだのは、ユダヤ人を迫害《はくがい》するためではなく、ドイツの栄光を取り戻《もど》す、その約束を支持《しじ》したからだ。

しかしヒトラーは、ドイツ国民のことなど考えていなかった。失業者を減《へ》らし景気を回復《かいふく》させたのも、高速道路とマイカーで休日を楽しませたのも、子どもがたくさん産める社会にしたのも、まずは国民を黙《だま》らせるため。

その上で、アーリア人がほかの民族を支配《しはい》する、理想的な国家をつくる。そのための領土《りょうど》を、戦争で勝ち取ってみせる。

それがヒトラーの夢《ゆめ》であり、目標だったのだ。

しかしドイツ国民の多くはそれを知らなかった。知ったところで、彼《かれ》らになにができただろうか。

ヒトラーだけが、夢《ゆめ》への階段《かいだん》をのぼっていた。

第三章　出会い

❖学生中隊

ハンスがようやく大学生になれたのは、一九三九年四月。陸軍騎兵《きへい》部隊で兵役《へいえき》を終えたあと、衛生《えいせい》学校に半年間通い、その後、医学部の試験に合格《ごうかく》。晴れて医大生となったハンスの勉強への意欲《いよく》はすさまじかった。

解剖学《かいぼうがく》や組織学《そしきがく》、動物学、植物学といった医学生として学ぶべき分野にとどまらず、文学や外国語などの科目も選択《せんたく》し、受《じゅ》講《こう》する科目数が多いため、授業料《じゅぎょうりょう》がほかの学生より多くかかっていたほどだ。

「学べるうちに、多くのことを学びたいんだ。」

読書する時間もますます増《ふ》え、

「ニーチェ[*1]の全集を、古本でいいので買ってください。」

そう、両親に頼《たの》むこともあった。

(知識《ちしき》はいつか必ず役に立つ。大きな力になるのだから。)

ハンスは未来の自分のために学んだ。学ぶことができる幸せと、学ぶことの意味をかみしめながら。

ところが、戦争が始まってしまった。

ヒトラーは、かつての領土《りょうど》を取り戻《もど》し、ドイツがヨーロッパを支配《しはい》すると宣言《せんげん》していた。

一九三九年九月一日、ドイツはポーランドに侵攻《しんこう》。

第二次世界大戦《だいにじせかいたいせん》、一九四五年まで続くこの大きな戦争は、ここから始まった。

一九四〇年三月、ハンスは学生中隊に召集《しょうしゅう》された。

---

*1 ニーチェ…(一八四四〜一九〇〇年)ドイツの哲学者《てつがくしゃ》。

学生中隊は学生だけの部隊で、軍人として兵舎《へいしゃ》で暮《く》らしながら、大学で講義《こうぎ》も受ける。半分軍人、半分学生という立場だ。医学生であり、衛生《えいせい》学校でも学んだハンスは、衛生《えいせい》中隊に所属《しょぞく》。前線では戦わず、負傷《ふしょう》した人を手当てすることとなった。

四月、ドイツ軍はデンマーク、ノルウェーに侵攻《しんこう》。

五月には、オランダ、ベルギー、ルクセンブルク、フランスに攻《せ》め入った。

ハンスは、フランスの野戦《やせん》病院の手術室《しゅじゅつしつ》に配属《はいぞく》された。

戦地では、負傷者《ふしょうしゃ》が多く出た病院に呼《よ》ばれ、忙《いそが》しいときには一日に二十人の手術《しゅじゅつ》をすることもあった。そのかたわらで、治療《ちりょう》をしても治らないまま人がどんどん死んでいく。

その光景に、ハンスは完全にまいっていた。

（戦争とは、こんなにも人の命を粗末《そまつ》に扱《あつか》うものなのか。このゆがんだ世界にいると、自分のなかの当たり前が、すっかりおかしくなりそうだ。戦争から帰った者は、賢《かしこ》くなっていると思う人が多いかもしれない。その逆《ぎゃく》だ。戦争は、人間を退《たい》化《か》させるのではないだろうか。）

戦争が、人間を変えていく。悪いほうへ、悪いほうへと。

その後、六月にフランスが降伏《こうふく》。帰国の命令が出るまで、ハンスはフランスのベルサイユでしばらく過《す》ごし、九月末にドイツに帰還《きかん》した。

故郷《こきょう》のウルムに帰ると、*1西部戦線の勝利で町が沸《わ》いていた。ユダヤ人への迫害《はくがい》でヒトラーに不信感を抱《いだ》いていても、*2かつて落ちるところまで落ちたドイツが、戦争で勝っている。その事実を人びとは喜《よろこ》びたかった。

ミュンヘンに戻《もど》ったハンスは、医師《いし》になるための「予備資格《よびしかく》試験」を受けるよう命じられる。

その予備資格《よびしかく》試験を受ける学生のなかに、気になる男がいた。

---

*1 西部戦線…第二次世界《だいにじせかい》大戦《たいせん》で、おもにドイツの西方を戦場とした戦い。ここでは、一九四〇年五月に行われた、ドイツによるオランダ・ベルギー・ルクセンブルク・フランスへの侵攻《しんこう》をさす。（45ページ参照）

*2 かつて落ちるところまで落ちたドイツ…ドイツは第一次世界大戦《だいいちじせかいたいせん》（一九一四〜一九一八年）で敗戦国となり、多額《たがく》の賠償金《ばいしょうきん》を負ったほか、国力の多くをそがれた。

背《せ》が高く、振《ふ》る舞《ま》いはいつも優雅《ゆうが》。軍服を着たがらず、着たとしても着くずしていた。だれにも縛《しば》られない、そんな雰囲気《ふんいき》を漂《ただよ》わせ、姿《すがた》を現《あらわ》せば、つい目がいく存在《そんざい》だった。

アレクサンダー・シュモレルという男だ。

❖自由をまとったアレックス

ハンスよりひとつ年上のアレクサンダー・シュモレル、通称《つうしょう》アレックス。

ミュンヘン南部の森に囲《かこ》まれた大きな家で暮《く》らし、父は名の知れた医師《いし》だった。

文学や音楽や芸術《げいじゅつ》に詳《くわ》しく、フェンシングや乗馬もこなす。

「ピアノも絵も好きだけど、仕事にするなら

彫刻《ちょうこく》しかないね。」

才能《さいのう》あふれる彼《かれ》と、ハンスは親しくなった。

アレックスの話すドイツ語にはロシアなまりがあり、それは複雑《ふくざつ》な生い立ちによるものだった。

アレックスの父はドイツ人、母はロシア人で、ふたりはともにロシアで生まれ、ロシアで結婚《けっこん》した。

しかし第一次世界大戦《だいいちじせかいたいせん》が始まると、ドイツ人はロシアの敵《てき》と見なされ、ロシアの収容所《しゅうようじょ》へ追いやられた。アレックスはその収容所《しゅうようじょ》で生まれ、一年後に母がチフスで亡《な》くなった。

一歳《さい》のアレックスの面倒《めんどう》を見たのは、ロシア人の乳母《うば》、ナーニャだ。彼女《かのじょ》はロシア語しか話せなかった。

父はロシア生まれのドイツ人女性《じょせい》と再婚《さいこん》し、一家はドイツへ。ナーニャもいっしょだった。

裕福《ゆうふく》な家で、ロシア人のナーニャに大切に育てられたアレックスは、幼《おさな》いころからロシアの童謡《どうよう》や民話を教わっていた。

青年になると、ヒトラーユーゲントに強制《きょうせい》加入させられるが、その厳《きび》しさや窮屈《きゅうくつ》さに反発心を抱《いだ》き、高校卒業後の兵役《へいえき》では、ドイツ軍がオーストリアなどを併合《へいごう》する強引《ごういん》なやり方に、いたたまれない気持ちになっていた。

父と同じ道を選び、ハンブルク[*1]大学の医学部に入学。

戦争が始まると、学生中隊に召集《しょうしゅう》されてフランスへ。その後、中隊の指令でハンブルクではなくミュンヘンに帰還《きかん》。

ハンスと同じ時期に、予備資格《よびしかく》試験の受験を命じられた。

アレックスとハンスは、ともに試験の勉強をする仲となったが、会話はどこか手探《てさぐ》りで、相手の考えを確《たし》かめ合っていた。

試験勉強のころから半年近くが経《た》った一九四一年の春、

「父が開いている夜間読書会に、参加しないか。」

アレックスが、ハンスを誘《さそ》った。

＊1　ハンブルク…ドイツ北部にある都市。（141ページの地図参照）

ハンスを誘《さそ》うまでに半年もかかったのには、理由があった。アレックスの父も、読書会に集まる人たちも反ナチス派《は》で、夜間読書会は政治的《せいじてき》な話題になることがあったからだ。

ハンスも同じ考えだと確信《かくしん》し、アレックスは声をかけた。政治《せいじ》の話をするには、それほど慎重《しんちょう》になる必要があったのだ。

読書会ではよく討論《とうろん》をし、自分たちの使命はなにかを問うことも多かった。そうした時間が、彼《かれ》らの運命を変えていった。

❖家族を背負《せお》ったクリストフ

アレックスの家で開かれていた夜間読書会には、同じミュンヘン大学の医大生、クリストフ・プロープストも参加していた。

ハンスより一歳《さい》年下、アレックスより二歳《さい》年下のクリストフは、物事をよく考える無口な青年。ドイツ南部の小都市で生まれ、父は裕福《ゆうふく》な家の育ちで、学者をしていた。

クリストフ・プロープスト、1942年ごろ。（写真：アフロ）

クリストフと姉は、キリスト教の洗礼《せんれい》を受けずに育った。父が、宗教《しゅうきょう》は親が決めずに子どもが自ら選ぶという宗教学《しゅうきょうがく》を研究していたからであり、クリストフが死刑《しけい》の宣告《せんこく》をされたあと、刑務所《けいむしょ》でカトリックの洗礼《せんれい》を受けたのはこのためだ。

両親はクリストフが幼《おさな》いころに離婚《りこん》。姉弟《きょうだい》は父に引き取られ、その後の父の再婚《さいこん》相手がクリストフの人生に影響《えいきょう》する。再婚《さいこん》相手はユダヤ人だった。クリストフは新しい母を「おばあちゃん」と呼《よ》び、なついていた。

しかし一九三五年に「ニュルンベルク法《ほう》」が制定《せいてい》。ドイツ人とユダヤ人の結婚《けっこん》が禁《きん》じられ、父は苦しみを抱《かか》える。さらに、長年研究していた美術《びじゅつ》をナチスに「退廃的《たいはいてき》」[*1]という理由で禁止《きんし》され、結婚《けっこん》も仕事も否定《ひてい》された父は、心を病《や》む。

そして、自殺《じさつ》。クリストフが十七歳《さい》のときだった。

成績優秀《せいせきゆうしゅう》で飛び級をしていたクリストフは、大学入学資格《しかく》試

＊1 退廃的《たいはいてき》…道徳的ではない、不健全な様子。

験を一年早い十七歳《さい》で終了《しゅうりょう》し、兵役《へいえき》では空軍に所属《しょぞく》した。

二十一歳《さい》で結婚《けっこん》。その年に長男が、翌年《よくねん》に次男が生まれた。

クリストフ一家とおばあちゃんは、ミュンヘン南東の小さな町で、農家の一角を借りて暮《く》らしていた。ユダヤの老婦人《ろうふじん》を見ても見ぬふりをする、この町の人たちに救《すく》われていた。

そんなクリストフと、ハンスは夜間読書会で出会った。

外向的なハンスに対し、クリストフは内向的で、性格《せいかく》は違《ちが》っていたが、心の深いところで共感しあう部分があり、ともに活動をすることとなる。

「病気の人を助けたい、治したい。」

その思いから医学部に進んだクリストフは、ナチスのユダヤ人迫害《はくがい》、そして障《しょう》がいや不治の病を持つ人への安楽死殺人《さつじん》[*2]の話を耳にするたびに、激《はげ》しい怒《いか》りを覚えていた。

ナチスへの抵抗《ていこう》運動をするのに、十分な理由を持っていた。

＊2　安楽死殺人《さつじん》…強制的《きょうせいてき》に安楽死させること。

❖ゾフィーの青春

戦争が始まった一九三九年、十八歳《さい》になったゾフィーには、ボーイフレンドがいた。

四歳《さい》年上のフリッツ・ハルトナーゲル。士官《しかん》学校を卒業し、職業《しょくぎょう》軍人をめざしていた。

出会いは一九三七年。ゾフィーが十六歳《さい》のときに、クラスメイトだったユダヤ人の友だち、アンネリーゼの家で知り合った。

フリッツは、ウルムとミュンヘンとのちょうど中間地点にある町に住んでいたが、戦争が始まると、戦地へ。ふたりは手紙のやりとりで仲を深めていった。

軍人という職業《しょくぎょう》を選んだ、フリッツ。

一方、兄の不当な逮捕《たいほ》、ユダヤ人迫害《はくがい》、ポーランドへの侵攻《しんこう》などから、反ナチスの考えを持ち、戦争を憎《にく》むゾフィー。

戦争が始まると、不安はさらに募《つの》っていく。

（フリッツは戦地でどんなことをしているのかしら？　だれかを銃《じゅう》で撃《う》つこともあるの？　まさか！　人間の命がほかの人間の手によって奪《うば》われるなんて、そんなことがあっていいはずがない。まるで理解《りかい》できないわ。待って！　フリッツの身に危険《きけん》がおよぶことだって……。）

戦争を憎《にく》み、フリッツの身を心配し、できることなら戦争に

関わってほしくない。不安な思いは、やがて強い意志《いし》へとかたちを変えていく。

一九四一年の冬、ドイツはソ連《れん》*1との戦争で、真冬のロシアの前線にいる軍人たちのために、コートや毛布《もうふ》、スキーなどの寄《き》付《ふ》を募《つの》った。

「なにも寄付《きふ》をすべきではない。私《わたし》は、そう思うの。」

ゾフィーは、自分の考えをフリッツに伝えた。

ドイツ兵《へい》が凍死《とうし》するのも、ソ連兵《れんへい》が凍死《とうし》するのも、結果は同じことで、冬物衣類を寄付《きふ》すれば戦争を長引かせてしまう。

「ドイツが正しい国になるためには、この戦争に負けなくてはならないわ。」

フリッツには残酷《ざんこく》な話だったが、ゾフィーも譲《ゆず》らない。

戦争が、ふたりの恋《こい》をかきまわした。

その前年の一九四〇年、ゾフィーは大学入学資格《しかく》試験を終了《しゅうりょう》。

---

*1 ソ連《れん》…ソヴィエト社会《しゃかい》主義《しゅぎ》共和国《きょうわこく》連邦《れんぽう》の略《りゃく》。ロシア革命《かくめい》ののち、一九二二年に誕生《たんじょう》した社会主義国《しゅぎこく》。一九四一年六月、ドイツは不可侵条約《ふかしんじょうやく》を破棄《はき》してソ連《れん》に攻《せ》め込《こ》み、独《どく》ソ戦《せん》が始まった。

その後、半年間の勤労奉仕《きんろうほうし》が待っていたが、ゾフィーはそれを免《まぬが》れるために、ウルムのフレーベル保育士《ほいくし》養成所に入った。ここで学ぶことが、勤労奉仕《きんろうほうし》に取って代わると思ったからだ。ところが幼稚園《ようちえん》の教員試験に合格《ごうかく》したあとで、保育士《ほいくし》養成所が勤労奉仕《きんろうほうし》として認《みと》められないことが判明《はんめい》。そこからさらに半年、農場で畑仕事の勤労奉仕《きんろうほうし》をすることに。

農場では、男の子の話しかしないルームメイトたちと気が合わず、休み時間は読書ばかりしていた。

どれも禁《きん》じられている本だったが、所長はなぜか許《ゆる》してくれ、そうした特別扱《あつか》いも、感じが悪いことはわかっていた。

(たとえどのような環境《かんきょう》に置かれても、私《わたし》はまわりに流されたくないの。そのためにも本を読まなくては。)

大切なことを見失ったり、考えることをやめたり、自分がそういう人間になることをゾフィーは許《ゆる》さなかった。

戦争が始まると、学生による安い労働力がより必要とされ、さらに半年、学徒動員[*1]が課せられた。ゾフィーはスイスとの国《こっ》境《きょう》に近い小さな町の託児所《たくじしょ》で、保育士《ほいくし》の仕事についた。

そして、一九四二年五月。

「ようやく、ようやく、大学生になれるんだわ！」

大学入学資格《しかく》試験から二年が経《た》ったこの年、ついに大学へ。ウルムの駅のホームで、ゾフィーは胸《むね》いっぱいに息を吸《す》い、ミュンヘン行きの列車に乗りこんだ。

もうすぐ二十一歳《さい》の誕生日《たんじょうび》。だが、これが最後の誕生日《たんじょうび》になることなど、だれも知らない。

列車に揺《ゆ》られるゾフィーは、前の晩《ばん》、母が念入りにアイロンをかけてくれたブラウスをまとい、着替《きが》えを詰《つ》めこんだトランクとは別に、ハンドバッグを膝《ひざ》の上に置いていた。バッグのなかには母が焼いてくれたケーキと、ワインが一本。その幸せな

＊1　学徒動員…学生が軍需《ぐんじゅ》産業などで働かされること。

重さを感じながら、ときおり窓《まど》に映《うつ》る自分の顔を見ていた。

耳元にさした一輪のマーガレットは、昨晩《さくばん》、誕生日《たんじょうび》の前祝いのテーブルに飾《かざ》られていたもの。肩《かた》までまっすぐのびた焦《こ》げ茶色のつややかな髪《かみ》に、黄色い花びらがよく映《は》えた。

当時のミュンヘン大学は、全学生のうち女子学生の割合《わりあい》を十パーセントとしており、見事そのなかに入ったゾフィーは、哲《てつ》学《がく》と生物学を学ぶことにした。

フリッツへの手紙も、これからはミュンヘンで書く。

(朗読会《ろうどくかい》、お芝居《しばい》、コンサート……。行きたいところも、やりたいこともいっぱい。手紙が長くなりそうだわ。)

列車はミュンヘン中央駅へ。

ホームに大好きな兄の姿《すがた》を見つけると、

(私《わたし》にも、ようやく自分らしい世界が広がる！)

ゾフィーは胸《むね》を躍《おど》らせた。

第四章 白バラのビラ

❖白バラの予感

ゾフィーがミュンヘンに着いた夜、ゾフィーの誕生日《たんじょうび》を祝うために、ハンスの部屋に友人たちが集まった。

アレックス、クリストフ、そして、のちにビラの抵抗《ていこう》運動に加わるヴィリー・グラーフもいた。

大好きな兄とその友人が、母が焼いてくれたケーキを頬張《ほおば》りながら、あたたかく迎《むか》え入れてくれる。

(こういう日を、ずっと夢《ゆめ》見てきたの!)

ゾフィーはすぐにみんなと打ち解《と》け、ざっくばらんな語らいに目を輝《かがや》かせた。

　ハンスがフランスの野戦《やせん》病院での思い出を話していると、

「しかし矛盾《むじゅん》していないか。」

　アレックスが口を挟《はさ》んだ。

「僕《ぼく》たちは、戦場の病院で人の命を救《すく》おうとしている。ところがその戦場は、命を死へと向かわせる場所なのだからね。僕《ぼく》たちは本当に命を救《すく》っていることになるのだろうか。ナチスに抵抗《ていこう》もせず、むしろ従《したが》っているように見えやしないか？」

（抵抗《ていこう》……。）

　その言葉がハンスの、そしてゾフィーの心にも重く響《ひび》いた。

その後、クリストフの提案《ていあん》で、だれかが詩を読み、ほかの者がそれを書いた詩人を当てるという遊びが始まった。彼《かれ》らはこうした知的な遊びが、ともにできる仲間でもあるのだ。

そしてその遊びのやりとりには、のちの白バラを予感させるなにかがあった。

「次は、いよいよ難《むずか》しい問題を出そうじゃないか。」

ハンスは自分の番になると、一枚《まい》の紙を読み上げた。

暗い洞窟《どうくつ》から姿《すがた》をあらわす
盗人《ぬすっと》はうろうろさまよいて
獲物《えもの》に手をのばそうとするも
さらにいいものを見つけたり
それは意味のない戦争と
でたらめな知識《ちしき》と

破《やぶ》れた旗《はた》
そして愚《おろ》かな人びとなり

その先も詩は長く続き、聞けば聞くほど、ヒトラーのことを言っているようだった。

「すごいじゃないか、ハンス。総統《そうとう》の誕生日《たんじょうび》祝いに渡《わた》したいほどだ。ナチスの新聞にも載《の》せるべきだね。」

アレックスが興奮《こうふん》した。

「いやいや、僕《ぼく》が書いたと思っているなら大間違《まちが》いだよ。」

ハンスの言葉に、ぜひとも自分がその詩人を当てようと、それぞれ詩人の名前を挙げるが、正解《せいかい》が出ない。

「この詩が書かれたのは百年も昔。作者は、みなさんご存知《ぞんじ》、ゴットフリート・ケラー[*1]さ。」

「そいつはいい。百年も昔の詩なら、印刷しても原稿料《げんこうりょう》を払《はら》わ

＊1 ゴットフリート・ケラー…（一八一九〜一八九〇年）スイスの作家。

なくていいのだから。この詩をたくさん印刷して、飛行機からドイツ中にばらまいてやろうじゃないか。」

アレックスの声が、部屋に響《ひび》いた。

(本当に、そんなことができたら……。)

ハンスは、頭のなかをめまぐるしく動かした。

(お兄さんたちが、普段《ふだん》こんな話をしているなんて……。)

ゾフィーの心が、ざわざわと揺《ゆ》れはじめた。

しかし、詩についても、ナチスについても、それ以上だれも口にはしなかった。

「ワインを冷やそう、あの冷たい川で。」

だれかのひと声で、イギリス公園へ。

イギリス式の美しい庭のある公園に着くと、ゾフィーが母に持たせてもらったワインのボトルを、庭に流れる小川に沈《しず》め、それぞれがベンチや岩に腰《こし》かけた。

ワインが冷えるまで。
それは、今日一日のおまけのような時間。
アレックスが、持ってきたバラライカを弾《ひ》いて歌い出すと、
ハンスはギターを、ヴィリーは指笛を鳴らした。
五月の夜風が、学生たちの頬《ほお》を、髪《かみ》を、なでていく。
戦争さえなければ、うんと自由だったはずの彼《かれ》らの青春を、
黄金色《こがねいろ》の月が照らしていた。

❖迷《まよ》いと支《ささ》え

（ビラを作るなら謄写機《とうしゃき》[*1]が要《い》る！）

初めてそう思ったときのことを、ハンスは思い出していた。

一九四一年の秋、まだゾフィーが大学に入る前、学徒動員で保育士《ほいくし》をしていたころだ。

その日、ハンスはウルムの実家に帰っていた。

その実家の郵便受《ゆうびんう》けに届《とど》いた、差出人のない手紙。

そこには、ミュンスターのフォン・ガーレン司教[*2]の説教が書かれていた。説教は、夏に司教が話したことを書きとめたもので、ナチスが、身体や精神《せいしん》に障《しょう》がいのある人や不治の病を持つ人を殺害《さつがい》しているという、安楽死殺人《さつじん》について暴《あば》いていた。

文字はタイプライターで打たれ、謄写機《とうしゃき》で複写《ふくしゃ》されており、共感してくれそうな人に送られているようだった。

のちに、この手紙はウルムに住むギムナジウム[*3]の生徒が送っ

＊1 謄写機《とうしゃき》…当時の印刷機。

＊2 フォン・ガーレン司教…（一八七八〜一九四六年）ミュンスターのキリスト教指導者《しどうしゃ》。ナチスの安楽死殺人《さつじん》を批判《ひはん》した。

＊3 ギムナジウム…ドイツの、大学進学を前提《ぜんてい》とした七年制《しちねんせい》、または九年制《くねんせい》の中等学校。

ていたとわかるが、このときは、まだだれも知らない。

　このような手紙を送った者はもちろん、手紙を読んだ者も隠《かく》した者も逮捕《たいほ》される。ハンスもそれは、わかっていた。

「発言する勇気のある人が、とうとう出てきたぞ！」

　胸《むね》が高ぶったことを、ハンスはよく覚えている。

　あれから半年以上が経《た》ち、ハンスはアレックスとクリストフとともに、反ナチスのビラを作ることを考えていた。

（謄写機《とうしゃき》は、確《たし》かに必要だ。）

　ナチスに抵抗《ていこう》する方法が見えてきた。

　しかしまだ、迷《まよ》いが消えたわけではなかった。

（ヒトラーが率《ひき》いる巨大《きょだい》な「第三帝国《だいさんていこく》」を相手に、力も経験《けいけん》もない自分たちが、そんなことをできるだろうか。）

「歴史《れきし》の歯車に手出しすべきではない。」

ハンスはしばしばこの言葉を口にして、気持ちにブレーキをかけてきた。自信のなさをごまかしていたのかもしれない。

（しかし、十分に考え、仲間とも話してきたではないか。）

アレックスの家で開かれる夜間読書会で、ハンスは多くの仲間を得《え》た。文化人による講演《こうえん》や朗読会《ろうどくかい》も開き、何度も政治《せいじ》について議論《ぎろん》をした。

それだけではない。兵役《へいえき》や野戦《やせん》病院に配属《はいぞく》されるたびに、ナチスの残虐《ざんぎゃく》な行為《こうい》を、いやというほど見てきたのだ。

（ユダヤ人や障《しょう》がい者《しゃ》が殺《ころ》されていることも、多くの人が気づいている。ぐずぐずしている場合ではない。）

何度考えても、いつも同じ答えにたどりつく。

やるべきだ、と。

（ビラなんて、遠回りなやり方なのはわかっているが……。）

ヒトラーを殺害《さつがい》できないか。ハンスはその方法を探《さが》すために、ミュンヘン修道院《しゅうどういん》の図書館へ通ったことさえある。

（だが武力《ぶりょく》ではなく、ドイツ国民一人ひとりが心から抵抗《ていこう》し、それぞれが行動することで、ナチスを揺《ゆ》るがしたい。）

その方法こそが、ビラなのだ。

初期のビラは、ハンス、アレックス、クリストフの三人で作った。この時点ではゾフィーとヴィリーは、なにも知らない。

しかし厳密《げんみつ》には三人だけでなく、彼《かれ》らを後ろから支《ささ》えてくれる大人たちがいた。

文学・哲学《てつがく》に関する有名な雑誌《ざっし》『高地』の編集長《へんしゅうちょう》、カール・ムートもそのひとりだ。『高地』はナチ政権《せいけん》を批判《ひはん》し続け、一九四一年に発行禁止《きんし》になっていた。

七十歳《さい》を越《こ》えていたカールは、たまたま本を届《とど》けにきたハンスを、未来を託《たく》すにふさわしい青年だと直感した。ハンスもまたカールを慕《した》い、毎日のように自宅《じたく》を訪《おとず》れるようになっていた。

また、建築家《けんちくか》のマンフレート・アイケマイヤーは、ハンスたちがビラを作る場所として、地下のアトリエを貸《か》した。

アイケマイヤーは、ドイツが占領《せんりょう》しているポーランドで、目を疑《うたが》う光景を見てきたばかりだった。ナチスがユダヤ人に穴《あな》を掘《ほ》らせ、穴《あな》のまわりに並《なら》ばせて銃《じゅう》で撃《う》ち、ユダヤ人は自ら掘《ほ》った穴《あな》に落ちていったという。

この事実を多くの人に伝えるべきだと考えていたころ、ハンスに出会い、協力を申し出た。

タイプライターや謄写機《とうしゃき》、紙などは、金銭的《きんせんてき》に余裕《よゆう》のあったアレックスが用意をした。

(すべてが揃《そろ》った。もう、引き返せない。)

自分の正義《せいぎ》を信じて、ハンスは前に進むことを決意した。

❖第一号から第四号のビラ

一九四二年六月。最初のビラが配られた。

百年前の詩を、飛行機からばらまこう。そんな話をした日から、一か月半が経《た》ったころだ。

ビラには「白バラのビラ」という見出しが書かれていた。

のちにハンスは、こう述《の》べている。

「白バラのビラとしたのは、響《ひび》きのいい決まった言葉をつけることで、ビラの説得力《せっとくりょく》を高め、その背後《はいご》に基本《きほん》となる考えがあることを伝えたかったからです。」

バラは昔から秘密《ひみつ》の象徴《しょうちょう》でもあり、キリスト教の絵画では純《じゅん》潔《けつ》を表現《ひょうげん》する。白バラという言葉が、ハンスの目にとまった。

六月から七月にかけて、ビラは第四号まで立て続けに作成され、ミュンヘンの一部の家に届《とど》いた。

ビラの原稿《げんこう》を書いたのはハンスとアレックスで、第一号はそ

れぞれに書き上げ、それをもとにひとつにまとめた。
白バラ第一号は、こう始まる。
『無責任《むせきにん》な暗い欲望《よくぼう》にとりつかれた支配者《しはいしゃ》どもに、抵抗《ていこう》することもなく「統治《とうち》」を許《ゆる》すことほど、国民として恥《は》ずかしいものはない。誠実《せいじつ》なドイツ人ならば、いまやだれでもこの政府《せいふ》を恥《は》じているのではないか？　いずれ、我《われ》われの曇《くも》った視界《しかい》が晴れわたり、限界《げんかい》をはるかに超《こ》えたこの残虐《ざんぎゃく》きわまりない犯罪《はんざい》が明らかになったとき、我《われ》われと、我《われ》われの子どもたちに降《ふ》りかかる屈辱《くつじょく》がどれほどのものになるか、予想できるだろうか？　……』
後半は、ドイツの詩人・ゲーテ[*1]の戯曲《ぎきょく》の一節を引用している。
『希望
勇気ある者たちが　夜に集まり
眠《ねむ》ることすらせず　沈黙《ちんもく》している

＊1 ゲーテ…（一七四九〜一八三二年）ドイツのフランクフルト出身の詩人・小説家・劇作家《げきさっか》。『若《わか》きウェルテルの悩《なや》み』、『ファウスト』など、多数の名作を執筆《しっぴつ》した。

自由という美しい言葉が
ささやかれ　つぶやかれ
やがて　まだ見たことのない　新しい時代が姿《すがた》をあらわす
我《われ》われは神殿《しんでん》の階段《かいだん》で
ふたたび　よろこびの声をあげる
自由！　自由！　自由！　と』

そして最後に、こう記した。

『この文書をできるだけ多く複写《ふくしゃ》し、ほかの人に配布《はいふ》してくださるようお願いする！』

ビラはタイプライターで打ったものを謄写機《とうしゃき》で複製《ふくせい》し、封筒《ふうとう》に入れて郵便《ゆうびん》で送った。

送り先は、知人のほか、ミュンヘンの電話帳からビラに共感してくれそうな人たちをピックアップした。教師《きょうし》、医師《いし》、弁護士《べんごし》、公務員《こうむいん》、さらには旅館や飲食店

にも、客に渡《わた》してくれるかもしれないと考えて送った。

第一号のビラは百枚《まい》ほど作り、紙や封筒《ふうとう》は同じ店で大量に購《こう》入《にゅう》すると目立つため、いくつもの店で用意した。

第二号のビラでは、アトリエの主人であるアイケマイヤーの話にもとづき、ナチスのユダヤ人大量殺戮《さつりく》について訴《うった》えた。

『ポーランドを征服《せいふく》して以来、その地では三十万人のユダヤ人が残虐《ざんぎゃく》な方法で殺害《さつがい》されている。ここで我《われ》われは人間の尊厳《そんげん》に対する、人類史上《しじょう》もっとも恐《おそ》ろしい犯罪《はんざい》を目《ま》の当たりにする。……ユダヤ人も人間である。この犯罪《はんざい》は、同じ人間に対して犯《おか》されたのだ。』

『なぜ、ドイツ国民は、このような非《ひ》人道的な犯罪《はんざい》について知りながら、これほど無関心でいられるのか。……それは同罪《どうざい》ということになる。なぜならドイツ人の無関心な態度《たいど》により、あの凶悪《きょうあく》な人間たちが、あのような行為《こうい》をする機会を得《え》たのだから。……しかし、まだ手遅《ておく》れではない。』

後半は、中国《ちゅうごく》の思想家・老子《ろうし》[*1]の教えを引用し、国の上に立つ者は、その国を支配《しはい》するのではなく、極端《きょくたん》なこともせず、おごらず、慎《つつし》みを持つべきだと説いている。

第三号では、悪の独裁制《どくさいせい》であるナチ政権《せいけん》を倒《たお》すには、ナチスに関するものに参加せず、ナチスの動きに手を貸《か》さない「消極的抵抗《ていこう》」で闘《たたか》うべきだと述《の》べている。

『読者のほとんどは、どのように抵抗《ていこう》すればよいかがわからないだろう……。方法はただひとつ、消極的抵抗《ていこう》だ。……兵器《へいき》工場や軍需《ぐんじゅ》工場を妨害《ぼうがい》すること、ナチスの集会や式典に行かないこと、……戦争につながる学問、大学や研究所をやめること。……街頭募金《ぼきん》にもお金を入れてはいけない。それらのお金は、困っている人には決して届《とど》かないのだから。』

後半では、哲学者《てつがくしゃ》・アリストテレス[*2]の『政治学《せいじがく》』から、独裁《どくさい》

---

*1 老子《ろうし》…古代中国の思想家。その教えは『老子《ろうし》』という著作《ちょさく》によって伝わるが、実在《じつざい》しないとする説もある。

*2 アリストテレス…（前三八四～前三二二年）古代ギリシアの哲学者《てつがくしゃ》。

者《しゃ》による非道《ひどう》な政治《せいじ》を、ナチスになぞらえて引用している。

第四号では、ドイツ軍の見せかけの勝利の陰《かげ》で、多くの死者が出ていることを告《つ》げ、ヒトラー個人《こじん》を批判《ひはん》した。

『死者を数えた者は誰《だれ》だ。ヒトラーか、宣伝《せんでん》大臣ゲッベルスか、いや、おそらくどちらも数えていない。ロシアでは毎日何千人もの人が戦死しているのにだ。……ヒトラーの口から出る言葉は、すべて嘘《うそ》である。平和というときは戦争を意味し、全能《ぜんのう》の神という言葉は、悪の力、悪魔《あくま》という意味だ。』

引用は、旧約聖書《きゅうやくせいしょ》とキリスト教世界に関するエッセイを用い、全体的にキリスト教を意識《いしき》した書き方になっている。

そして最後に、こう締《し》めくくる。

『我《われ》われは黙《だま》っていない。我《われ》われはあなたが後ろめたさを感じている良心である。白バラはあなたに休みを与《あた》えない！』

第二号から第四号のビラも第一号と同じように、最後に『複《ふく》写《しゃ》し、配布《はいふ》せよ』と呼《よ》びかけている。

これらのビラの文章には特徴《とくちょう》があった。ナチスへの批判《ひはん》や呼《よ》びかけを、格調《かくちょう》高い論説《ろんぜつ》のように、ときには詩のような調子で伝えていることだ。

ハンスたちはミュンヘン大学の優秀《ゆうしゅう》な大学生であり、芸術《げいじゅつ》や文学を愛する若者《わかもの》たちでもあった。ビラの文章は、そんな彼《かれ》ら「らしさ」だったのかもしれない。白バラのビラには、そうした若《わか》わかしい知性《ちせい》と、青春の空気が漂《ただよ》っていた。

しかし白バラのビラを、大学生が書いていると思った人はいなかった。ゲシュタポが、ビラの執筆者《しっぴつしゃ》を特定するため専門家《せんもんか》に分析《ぶんせき》を依頼《いらい》した際《さい》にも、「ドイツの知識人《ちしきじん》」という結果が出たため、若《わか》い大学生が疑《うたが》われることはなかった。

ところが身近な人のなかには、ハンスの顔が浮《う》かんだ人もいた。ゾフィーは、引用されていた文章から気づいたという。

ゾフィーに聞かれたとき、ハンスは肯定《こうてい》も否定《ひてい》もしなかった。

「そういう質問《しつもん》はしちゃいけないよ。書いた人に危険《きけん》が迫《せま》ることだってあるのだから。」

ビラを作ることが危険《きけん》な行為《こうい》だとわかっている以上、大切な妹を巻《ま》き込《こ》むことに、ハンスはためらいを感じていた。

ミュンヘンの駅でハンス（左）を見送るゾフィー（中央）、クリストフ（右）。1942年。(写真:アフロ)

ロシアの大地

ハンスたちが第四号までのビラを配布《はいふ》しているころ、ドイツ軍はソ連《れん》の南部に侵攻《しんこう》していた。

学生中隊のハンスは、アレックスやヴィリーたちとともに、医大生の衛生兵《えいせいへい》としてロシアに配属《はいぞく》され、クリストフは部隊が違《ちが》ったためドイツに残った。

一九四二年七月下旬《げじゅん》、クリストフとゾフィーに見送られて、ハンスたちはロシア行きの列車に乗った。

ロシアへ行く途中《とちゅう》、列車はポーランドのワルシャワに停車《ていしゃ》。ハンスたちが降《お》り立ったとき、ユダヤ人はゲットー*1から出されてワルシャワ駅まで歩かされ、家畜運搬車《かちくうんぱんしゃ》でアウシュヴィッツ*2などの死の強制収容所《きょうせいしゅうようじょ》に送られたあとだった。

「ユダヤ人がどんどん殺《ころ》されていく。」

「なんという、おぞましい光景だろう。」

＊1 ゲットー…ナチスがユダヤ人を強制的《きょうせいてき》に住まわせた地域《ちいき》。

＊2 アウシュヴィッツ…ナチ政権《せいけん》がポーランド南部に建設《けんせつ》した強制収容所《きょうせいしゅうようじょ》。ユダヤ人を中心に百五十万人以上がここで虐殺《ぎゃくさつ》されたといわれる。

ハンスたちは、茫然《ぼうぜん》とするばかりだった。

列車はロシアに入り、走り続けた。

走るほどに、窓《まど》の外の景色が広くなっていく。どこまでも果てしなく続く大地に、彼《かれ》らは息をのんだ。

その大地を、ヒトラーは自らの手に入れようとしていた。

「まずは、劣等《れっとう》民族であるロシア人（スラブ人）*3 を絶滅《ぜつめつ》させなければ。」

ヒトラーにとってこの戦争は、そういう戦争だった。

ハンスたちは、前線から遠く離《はな》れた野戦《やせん》病院に配属《はいぞく》された。

そこは安全であるばかりか、のどかな田園風景が広がるふるさとのようであり、アレックスにとっては、ロシアは自分が生まれた本当のふるさとでもある。ロシア語が話せるアレックスのおかげで、ハンスたちはおおらかなロシアの農民たちと心を開いて交流することができた。

＊3 スラブ人…おもに中央～東ヨーロッパに住む民族をさす。

毎晩《まいばん》ともに食事をし、ワインを飲み、彼《かれ》らがロシア民謡《みんよう》を歌えば、お礼にアレックスがバラライカを演奏《えんそう》する。

「不思議なもんだ。昼間は銃《じゅう》で撃《う》たれた人の手当てに追われているくせに、夜は月に歌をささげる楽園にいるのだから。」

「僕《ぼく》たちは、まるで二つのときを過《す》ごしているわけだ。」

「人間にとって、本当に必要な世界はどっちなのか。ここにいると、よくわかるよ。」

ハンスらは、ロシアの大地とロシアの人びと、そしてロシアの文化に酔《よ》いしれ、そこに人間本来の自由を感じていた。

その自由を奪《うば》うナチスをますます憎《にく》み、ドイツに戻《もど》ったら、ふたたびビラの抵抗《ていこう》運動をする決意を固めていった。

また、ロシアにはハンスの弟のヴェルナーも配属《はいぞく》され、ハンスは騎兵《きへい》部隊の馬を借りて、幾度《いくど》となく会いにいった。

その兄弟のもとに、ドイツから悪い知らせが届《とど》いた。

ロシアの基地《きち》で食事する白バラのメンバー。左から２番目がハンス・ショル、中央がヴィリー・グラーフ、右から２番目がアレクサンダー・シュモレル。1942 年。（写真：アフロ）

父のローベルトが逮捕《たいほ》されたというのだ。

ローベルトは自分のオフィスで、ヒトラーのことを「神の鞭《むち》」と呼《よ》び、批判《ひはん》したという。「神の鞭《むち》」とは、五世紀《せいき》にヨーロッパを恐怖《きょうふ》におとしいれた、フン人の王アッティラの別名である。それを秘書《ひしょ》に告発《こくはつ》されたのだ。

その発言をしただけで、四か月の禁固刑《きんこけい》[*1]を言いわたされ、会計士《かいけいし》と税理士《ぜいりし》の仕事まで禁止《きんし》されてしまった。

大学が休暇《きゅうか》中のゾフィーは、そんな父を心配してウルムに戻《もど》り、労働奉仕《ほうし》のためウルムの軍需《ぐんじゅ》工場で働いていた。

仕事が終わると父のいる刑務所《けいむしょ》へ行き、壁《かべ》の外からフルートを吹《ふ》いた。父の好きな曲を奏《かな》で、悔《くや》しさを慰《なぐさ》めるためだ。

(この間まで、充実《じゅうじつ》した学生生活を送っていたのに……。)

どうにもできない運命に、ゾフィーは唇《くちびる》をかみしめた。

たくさんの人生を、ナチスと戦争が奪《うば》っていった。

＊1　禁固刑《きんこけい》…刑事施設《けいじしせつ》に拘置《こうち》され、自由を奪《うば》われる刑罰《けいばつ》。

❖ヴィリーとフーバー教授《きょうじゅ》

一九四二年十一月、ハンスたちがロシアから戻《もど》ってきた。

彼《かれ》らは学生生活のかたわらで、抵抗《ていこう》運動を再開。

ロシアに行かなかったクリストフは、ミュンヘンから百キロ南、当時はドイツに併合《へいごう》されていた、オーストリアのインスブルックに配属《はいぞく》となっていた。

「これまでみたいに、会合に参加できないかもしれない。」

「かまわないさ。」

クリストフは強く発言することは少ないが、感情《かんじょう》に走りやすいハンスやアレックスの考えを正す役割《やくわり》を果たしていたため、彼《かれ》のいない会合は、バランスを少し崩《くず》したかっこうになった。

そしてこのころ、ハンスたちとともにロシアに行っていたヴィリー・グラーフが、ビラを作るメンバーに加わる。

背《せ》が高く、美しい瞳《ひとみ》をしたヴィリーは、ハンスと同い年で、国際連盟《こくさいれんめい》が管理していたザールブリュッケンという地で育った。ザールブリュッケンがドイツ領《りょう》となり、ヴィリーはヒトラーユーゲントに入ることを義務《ぎむ》づけられたが、それを拒否《きょひ》。

そのせいで大学入学資格《しかく》試験を受けることができず、ボン[*1]で医師資格予備《いししかくよび》試験を受けて、実習生としてミュンヘンに来た。

ところが、すぐに召集《しょうしゅう》されて軍隊へ。ハンスらとロシアに行った前の年にも、一年間ロシアの前線で過《す》ごしている。

ロシアで、ナチスの親衛隊《しんえいたい》が町や農村を破壊《はかい》するところを目《ま》の当たりにし、ヴィリーは自分もその一味でいることに心を痛《いた》めていた。

ハンスたちと再《ふたた》び訪《おとず》れたロシアで、さらに反ナチスの気持ちが高まり、白バラのメンバーに加わることを決意。物事には慎《しん》重《ちょう》なヴィリーだったが、ビラの抵抗《ていこう》運動をほかの都市にも広げようと飛び回り、多くの人とつながった。

---

*1 ボン…ドイツ西部にある都市。（141ページの地図参照）

ハンスはロシアから戻《もど》ったタイミングで、ゾフィーと同じアパートに、違《ちが》う部屋を借りて暮《く》らしはじめた。

活動の範囲《はんい》を広げるため、ハンスはゾフィーを仲間に入れたのだ。ゾフィーが賢《かしこ》く、信頼《しんらい》できることをハンスはだれよりも知っていたが、活動はつねに危険《きけん》と隣《とな》り合わせにある。ハンスはますます緊張感《きんちょうかん》を高め、ゾフィーもそれに応えた。

ビラの配布《はいふ》には、ハンブルク大学からミュンヘン大学に移《うつ》ってきた女子医大生のトラウテ・ラフレンツや、ウルムの高校生らも協力してくれるようになっていた。

そしてもうひとり、白バラと深く関わるようになった人物がいる。ミュンヘン大学で哲学《てつがく》を教えていたクルト・フーバー教《きょう》授《じゅ》だ。当時の年齢《ねんれい》は四十九歳《さい》、妻《つま》とふたりの子どもがいた。

フーバー教授《きょうじゅ》の情熱的《じょうねつてき》な授業《じゅぎょう》は、刺激的《しげきてき》でユーモアがあり、講義室《こうぎしつ》から人があふれるほど人気があった。

フーバー教授《きょうじゅ》ならよき理解者《りかいしゃ》になってくれると考え、ハンスたちがビラについて相談をすると、フーバー教授《きょうじゅ》は抵抗《ていこう》運動に加わることを約束してくれた。第五号のビラには、フーバー教《きょう》授《じゅ》のアドバイスも生かされている。

学生だけでなく教授《きょうじゅ》もメンバーに加わったが、活動はあくまでも極秘《ごくひ》に行い、ミュンヘン大学で活動することはなかった。

そのミュンヘン大学で、そのころ大きな騒《さわ》ぎが起きる。

一九四三年一月十三日、大学が創立《そうりつ》四百七十周年を迎《むか》え、その記念祭がドイツ博物館のホールで開かれた。

騒《さわ》ぎは、ナチスの高官でもある管区長[*1]のパウル・ギースラーが、演説《えんぜつ》のなかで女子学生を侮辱《ぶじょく》したのがきっかけだ。

演説《えんぜつ》の内容《ないよう》は、

「そもそも大学は、お上品なお嬢様《じょうさま》が来るところではない。女は家にいればよく、元気な男の子を産めばいい。私《わたし》の部下を

＊1　管区長…いくつかの教会をまとめた区域《くいき》の長。

紹介《しょうかい》しよう。」

というもので、これには女子学生も男子学生も大学の教職員《きょうしょくいん》も反発した。

するとギースラーは演説《えんぜつ》を邪魔《じゃま》されたと腹《はら》を立て、演説《えんぜつ》が終わったあとで、騒《さわ》いだ女子学生を捕《つか》まえた。それに怒《いか》った男子学生が、女子学生を解放《かいほう》するよう叫《さけ》んだ。

「自由を我《われ》らに！」

ミュンヘンの街頭で大学生が声をあげて歩いている。これまでにない光景だった。

だが、すぐに突撃隊《とつげきたい》が出動し、二十四人の学生が逮捕《たいほ》された。

この記念祭にハンスたちは出席していないが、こうした大学生の反発のあとでビラが配布《はいふ》されれば、抵抗《ていこう》運動に勢《いきお》いがつく。

そう期待していた。

❖第五号のビラとドイツ軍の苦戦

第五号のビラが配布《はいふ》された。

『戦争は確実《かくじつ》に終わりに向かいつつある。……東部戦線[*1]ではドイツ軍が脅威《きょうい》にさらされ、一方、西部戦線[*2]では敵軍《てきぐん》の反撃《はんげき》が予想される。……ヒトラーはこの戦争に勝つことはできず、できるのは、ただ引き延《の》ばすことだけだ！　彼《かれ》とその一味《いちみ》の罪《つみ》は、計り知れないほど重い。正義《せいぎ》の罰《ばつ》が刻《こっ》こくと近づいている！

しかし、ドイツ国民は何《なに》をしているのだろう？　見ることも聞くこともせずに、誘惑者《ゆうわくしゃ》たちにただただ従《したが》って破滅《はめつ》へと急いでいる。……』

ビラはこのように始まり、これまでの文学的な表現《ひょうげん》から、具体的な言葉でナチスを批判《ひはん》するようになった。

見出しは「白バラ」ではなく「ドイツ抵抗《ていこう》運動のビラ」とし、冒頭《ぼうとう》に「すべてのドイツ人に呼《よ》びかける！」と入れた。

＊1 東部戦線…第二次世界《だいにじせかい》大戦《たいせん》で、独《どく》ソ戦のドイツ側での呼称《こしょう》。

＊2 西部戦線…第二次世界《だいにじせかい》大戦《たいせん》で、おもにドイツの西側の諸国《しょこく》を戦場とした、枢軸国《すうじくこく》と連合国（6ページ脚注《きゃくちゅう》参照）との戦いをさす。

第五号のビラは以前よりかなり多く、数千枚《まい》も印刷された。

ハンスたちはアトリエに交代で集まって作業をし、完成した封筒《ふうとう》をそれぞれリュックやトランクに入れて、遠くの町まで電車に乗り、そこからポストに投函《とうかん》した。

郵便《ゆうびん》は、投函《とうかん》した町の郵便局《ゆうびんきょく》で消印が押《お》される。

すべてをミュンヘンから出すのではなく、たとえばフランク[*3]フルトの消印が押《お》された封筒《ふうとう》がハンブルクに届《とど》くことで、抵抗《ていこう》運動が都市をまたいで広がっている印象《いんしょう》を与《あた》えることができる。

実際《じっさい》に、多くの都市でビラが出現《しゅつげん》したせいで、ゲシュタポはビラがどこで作成されているか見当がつかなかったという。

その第五号のビラを、ゾフィーは一度だけ父のローベルトに見せたことがある。

「ミュンヘンで、こんなビラを見つけたの。」

「ナチスに抵抗《ていこう》する人が出てきたとは、いいことだ。」

＊3 フランクフルト…ドイツ中西部にある都市。

しかし父はそのあと、ゾフィーの顔をのぞき込《こ》んだ。

「おまえと、ハンスが書いたんじゃないだろうね。」

「私《わたし》たちはまるで関係ないわ。ミュンヘンで、こういう動きがあるってことよ。」

父にビラを認《みと》められたようでうれしくもありながら、親にも言えないことをしているのだと、ゾフィーは改めて思い知った。

第五号のビラを配布《はいふ》したあと、ドイツ軍の戦況《せんきょう》が一変した。かねてより苦戦を強いられていたソ連《れん》のスターリングラード[*1]で、ドイツ軍がソ連《れん》軍に降伏《こうふく》したのだ。

ドイツとその同盟国《どうめいこく》側で数十万人が死傷《ししょう》し、九万人以上のドイツ兵《へい》がソ連《れん》軍の捕虜《ほりょ》となったともいわれる。

このスターリングラードでの敗北に、ドイツの人びとはすっかり希望を失った。

ヒトラーはロシア人を絶滅《ぜつめつ》させると言いながら敗れたこと。

＊1 スターリングラード…ロシア南西部にある都市。現在《げんざい》の名前はヴォルゴグラード。（左ページの地図参照）

考えられないほど多くの死者を出したこと。
戦争そのものに負けるのではないかと不安なこと。
失望の種類は、たくさんあった。

※ヨーロッパ周辺地図。（国境線は現在《げんざい》のもの）

❖第六号のビラと落書き

スターリングラードで多くの死者を出したことに衝撃《しょうげき》を受け、フーバー教授《きょうじゅ》が、第六号のビラを書きはじめた。

ハンスらのよき理解者《りかいしゃ》という立場のフーバー教授《きょうじゅ》は、第五号にアドバイスをしたことはあったが、ビラの執筆《しっぴつ》を頼《たの》まれてはいない。しかし、書かずにはいられなかったのだ。

このフーバー教授《きょうじゅ》の意志《いし》を知らなかったハンスたちは、同じスターリングラードの敗戦について、長女が生まれたばかりのクリストフに、ビラの原稿《げんこう》を書いてほしいと依頼《いらい》していた。

ところがある会合のあとで、フーバー教授《きょうじゅ》からビラの原稿《げんこう》を見せられたハンスたちは、その内容《ないよう》に大いに共感し、第六号のビラに採用《さいよう》することにした。

それは、大学生に向けられたメッセージだった。

第五号と同じように、見出しに「白バラ」とは書かず、

「女子学生の仲間たち！　男子学生の仲間たち！」

という呼《よ》びかけを入れた。

『我《わ》が国民はスターリングラードの兵士《へいし》の破滅《はめつ》に、がく然としている。リーダーの間違《まちが》った戦略《せんりゃく》により、三十三万人のドイツ兵《へい》が無意味に死んだ。……これまで最も卑劣《ひれつ》な圧政《あっせい》に耐《た》え続けたドイツの若者《わかもの》が、決着をつける日がきた。……我《われ》われは、あらゆる言論《げんろん》の自由を徹底的《てっていてき》に押《お》さえつける国家で育ち、ヒトラーユーゲント、突撃隊《とつげきたい》、親衛隊《しんえいたい》が、人生で最も輝《かがや》かしい学生時代において、我《われ》われの個性《こせい》を奪《うば》い、感覚を麻痺《まひ》させようとした。……管区長官が下品な言葉で女子学生の名誉《めいよ》を深く傷《きず》つけたとき、ミュンヘン大学の女子学生たちは品格《ひんかく》ある回答をつきつけ、男子学生たちは彼女《かのじょ》たちのために戦い、守り抜《ぬ》いた。……我《われ》われの合い言葉はひとつ。党《とう》と戦う！』

フーバー教授《きょうじゅ》の原稿《げんこう》を、ハンスたちは一か所だけ修正《しゅうせい》した。

ビラの最後に、学生たちに向けて書かれた「ドイツ軍のもとに結集せよ！」という呼《よ》びかけを削除《さくじょ》したのだ。

ドイツ軍とは、ドイツの国防軍《*1こくぼうぐん》をさす。

「その呼《よ》びかけを入れないなら原稿《げんこう》を渡《わた》さない。」

とフーバー教授《きょうじゅ》は主張《しゅちょう》したが、ハンスらは聞き入れなかった。

「まったく馬鹿《ばか》どもが。軍の力なしになにができるのだ！」

フーバー教授《きょうじゅ》の怒《いか》りは、自宅《じたく》に戻《もど》ってもおさまらなかった。

ドイツの国防軍《こくぼうぐん》の力を借りて武力《ぶりょく》を使わなければ、ナチスに抵抗《ていこう》できるわけがない。フーバー教授《きょうじゅ》は、そう考えていた。

しかし、ハンスたちの考えはまったく違《ちが》っていた。

武力《ぶりょく》を使うことなく、一人ひとりの考え方を変えたいのだ。

武力《ぶりょく》を使えば、たくさんの命が奪《うば》われる。

加えて、ハンスたちは戦場にいた経験《けいけん》から、ドイツの国防軍《こくぼうぐん》は、いまやナチスと一体化し、信用できないと感じていた。

＊1 国防軍《こくぼうぐん》…ナチ政権《せいけん》下で再編《さいへん》されたドイツ軍の呼称《こしょう》。ヒトラーは国防軍《こくぼうぐん》とは別に、非公式《ひこうしき》の武力集団《ぶりょくしゅうだん》も組織《そしき》していた。

いくら教授《きょうじゅ》の意見でも、そこは譲《ゆず》るわけにいかない。あくまでもビラは、ハンスたちのものなのだ。

その第六号のビラが完成したころ、ハンス、アレックス、ヴィリーは新しい行動に出ていた。

落書きだ。

夜になると三人で出かけ、市内の目立つところに、タール*2系《けい》の黒い塗料《とりょう》で「自由」「打倒《だとう》ヒトラー」という文字や、ナチスのマークである鉤十字《かぎじゅうじ》を描《か》き、その上から「×」を描《か》いた。

簡単《かんたん》には落ちない大きな落書きは、夜が明けると多くの人の注目を集め、清掃係《せいそうがかり》がけんめいに落としている姿《すがた》が、町ゆく人を長くそこに留《とど》まらせた。

敏感《びんかん》なゾフィーは、だれが落書きをしているか気づいていた。

「お兄さんたちでしょう。」

ハンスは笑ってうなずいた。

*2 タール…木材や石灰《せっかい》などを高温で分解《ぶんかい》するとできる黒っぽい液体《えきたい》。

ゾフィーは自分も仲間に加わりたいと頼《たの》んだが、ハンスはそれを許《ゆる》さなかった。あまりに危険《きけん》だからだ。

ハンスたちは、三人のうちふたりで落書きを書き、残りのひとりは銃《じゅう》を持って見張《みは》りをしていた。ゾフィーを仲間に入れることは、やはりできなかった。

第五章
逮捕《たいほ》

❖大学のホールで

一九四三年二月十八日。

ハンスとゾフィーが、どうしてそのようなことをしたのか。

いまとなっては、だれにもわからない。

異変《いへん》は、その二日前から始まっていた。

十六日、ハンスは知り合いの書店員、ゼーンゲンの家を訪《たず》ね、第六号のビラを見せると、こう告《つ》げた。

「郵便《ゆうびん》ではもう送ったが、大学でもビラをまこうと思う。」

「それは、あまりに危険《きけん》だ。郵便《ゆうびん》で十分じゃないか。」

ゼーンゲンが止めると、ハンスは興奮《こうふん》気味に言った。

「どうやらゲシュタポに追われているようなんだ。そのうち逮《たい》捕《ほ》されるかもしれない。それまでに行動を起こしたい。」

同じ晩《ばん》、ウルムに住む画家のガイヤーが、ハンスとゾフィーの住むアパートを訪《たず》ねると、廊下《ろうか》でふたりがぴたりと体を寄《よ》せ合って立っていた。まるで覚悟《かくご》を決めて、逮捕《たいほ》されるのを待っているようにも見えたという。

思い起こせば、初期に作った「白バラのビラ」の最初の一号は、ほんの百枚《まい》ほどしか印刷をせず、限《かぎ》られた人に送っていたに過《す》ぎなかった。それが第五号、第六号では数千枚《まい》を刷り、さまざまな市から広範囲《こうはんい》に送っている。

先月には、博物館で大学生がゲ

シュタポに抵抗《ていこう》した。ドイツ軍のスターリングラードでの敗戦も、ヒトラーを批判《ひはん》するいい材料になるだろうし、ユダヤ人の迫害《はくがい》についても知る人が増《ふ》えてきた。落書きによって刺激《しげき》された人もいるかもしれない。

（ここでもうひとつ、積極的な行動に出たい。学生たちに向けたビラを使って、大学でナチスへの抵抗《ていこう》を呼《よ》びかければ、みんなが応えてくれるかもしれない。ビラはまだたくさんある。やるなら、ゲシュタポに捕《つか》まらないうちに。）

のちの証言《しょうげん》により、ハンスたちを追《お》い詰《つ》めていたのは、ミュンヘンではなく、ウルムのゲシュタポだといわれている。

それが事実であり、ハンスがそれを知っていたならば、その焦《あせ》りから衝動的《しょうどうてき》な行動に出たのかもしれない。

いまとなっては、事実が残るのみである。

二月十八日、午前十時ごろ。

ハンスとゾフィーは、ミュンヘン大学に到着《とうちゃく》した。

ふたりの手には、ずしりと重いトランクが握《にぎ》られており、大学生に呼《よ》びかけた第六号のビラが、ハンスのトランクには千二百枚《まい》、ゾフィーのトランクには数百枚《まい》入っていた。

大学は講義《こうぎ》中で、あと十分ほどで講義《こうぎ》が終わる。だれも歩いていないはずの時間帯だったが、思いがけず白バラの仲間であるヴィリーと、ビラの配布《はいふ》を手伝ってくれているトラウテが、こちらに向かってやってきた。

ふたりは次の講義《こうぎ》が大学から離《はな》れた病院で行われるため、フーバー教授《きょうじゅ》の講義《こうぎ》を早めに出て、路面電車に乗るために歩いているところだった。

「どうしたの？　こんな時間に兄妹《きょうだい》そろって。」

「いや、べつに。午後にまた会おう。」

なぜこんな時間に、ハンスとゾフィーがここにいるのか。

ヴィリーとトラウテは、嫌《いや》な予感を抱《かか》えながら路面電車に乗り、病院での講義《こうぎ》中もどこか落ち着かなかったという。

ハンスとゾフィーは、大学の玄関《げんかん》ホールに入った。

ホールは、まんなかが吹《ふ》き抜《ぬ》けになっており、広い階段《かいだん》が上階へと続く。

吹《ふ》き抜《ぬ》けを囲《かこ》む各階の講義室《こうぎしつ》では、まだ講義《こうぎ》が続いていた。

ふたりは階段《かいだん》をのぼるとトランクからビラを出し、それぞれの階の講義室《こうぎしつ》の前、窓《まど》のふち、階段《かいだん》の手すりに、その束を置いた。

あと五分もすれば、学生たちがいっせいに講義室《こうぎしつ》から出てくる。ビラを見つけて、手にするに違《ちが》いない。

うまくいった。

そう確信《かくしん》して、ふたりは大学の外に出た。

ところが外に出てから、トランクにビラがまだ少し残ってい

ることに気がついた。

ふたたび大学に戻《もど》り、ホールの三階へ。

吹《ふ》き抜《ぬ》けに面した手すりの上に残りのビラを置き、ふたりが急いで立ち去ろうとしたそのとき、一枚《まい》のビラが手すりの上をするりとすべるように動き、下へ落ちていった。

吹《ふ》き抜《ぬ》けの天井《てんじょう》には立派《りっぱ》な丸い窓《まど》があり、二月の光がたっぷりと降《ふ》りそそいでいる。

ビラは白い光を浴びながら、ひら、ひら、と舞《ま》い落ちた。

その瞬間《しゅんかん》、あらゆる風向きが変わった。

「動くな！」

一階でビラを拾った大学の用務員《ようむいん》、ヤーコプ・シュミットが、三階にいたふたりを見つけて叫《さけ》び、階段《かいだん》をのぼりはじめていた。

同時に、ちょうど講義《こうぎ》が終わり、講義室《こうぎしつ》から学生がいっせいに出てきた。扉《とびら》が開く音、靴音《くつおと》、話し声……。

たちまち騒《さわ》がしくなり、ハンスとゾフィーが立《た》ち尽《つ》くしていると、ダンダンダンと足音がして、ハンスの腕《うで》がつかまれた。

「動くな、逮捕《たいほ》する！」

ふたりはヤーコプから逃《に》げることも抵抗《ていこう》することもなく従《したが》い、大学の学長の部屋へと連れていかれた。

ほどなくして、ゲシュタポが到着《とうちゃく》。大学の出入り口はすべて封鎖《ふうさ》され、学生たちはその場から動くことを許《ゆる》されなかった。

ゲシュタポが、ビラを回収《かいしゅう》しはじめた。

その後、特別捜査班《そうさはん》の責任者《せきにんしゃ》、ローベルト・モーアが到着《とうちゃく》。モーアが率《ひき》いる捜査班《そうさはん》は、白バラの中心人物を捜査《そうさ》していた。

しかしモーアは、学長室で見たふたりが白バラの犯人《はんにん》にはとうてい見えず、用務員《ようむいん》のヤーコプが間違《まちが》えたとさえ思った。ふたりが、あまりに礼儀《れいぎ》正しくしっかりしていたためだ。

だが、しっかりした姿《すがた》を見せながら、ハンスはあることに気がつき焦《あせ》っていた。上着のポケットに、クリストフから受け取ったビラの原稿《げんこう》が、折《お》りたたんで入っていたからだ。

ハンスはゲシュタポの目を盗《ぬす》み、それを椅子《いす》の下で細かく破《やぶ》った。しかしゲシュタポも、見逃《みのが》さない。

「この紙は、もういらないものです。関係ありません。」

ハンスの言葉もむなしく、破《やぶ》った紙は取り上げられた。

ふたりが校内に置いたビラは、ゲシュタポによってすべて回収《かいしゅう》され、そのビラをハンスたちが持っていたトランクにしまうと、ぴたりと入った。

「ゲシュタポ本部で取り調べだ。」

モーアの命令により、ふたりは手錠《てじょう》をかけられた。

そして学生たちが群《むら》がるなかを連行され、大学の前に停《と》めてあったゲシュタポの車に乗せられた。

❖取り調べ

ゲシュタポ本部に着くと、ハンスとゾフィーは別の部屋で、それぞれ取り調べを受けた。

ハンスは落ち着きはらった様子で、すべてを否定《ひてい》した。

「私《わたし》は、これまでビラなんて作ったことも配ったこともありません。はっきり言って、そういうことには興味《きょうみ》がないんです。でも今日は、大学でたまたまビラを見つけてしまいました。学長室で破《やぶ》った紙は、家を出るときに郵便受《ゆうびんう》けに入っていたものに過《す》ぎません。私《わたし》には必要ないので破《やぶ》りました。」

ゾフィーもまた、冷静な表情《ひょうじょう》でこう述《の》べた。

「正直申し上げて、私《わたし》はビラのようなものとは関わりたくありません。でも、大学のホールの手すりの上で偶然《ぐうぜん》見つけて、なにかの拍子《ひょうし》に落ちてしまったようです。まったく身に覚えがありません。」

「では、なぜトランクを持っていたのかね。」

ゾフィーの取り調べは、特別捜査班《そうさはん》の責任者《せきにんしゃ》であるモーアが行っていた。

「このあと実家に帰るつもりでしたから、実家で洗《あら》ってもらった服を入れるために、空のトランクを持っていました。」

どの質問《しつもん》にもゾフィーは平常心《へいじょうしん》をもって答え、その様子から、モーアらはふたりが無実だと思いはじめていた。

ところが、ゲシュタポがハンスの家を家宅捜索[*1]《かたくそうさく》すると、机《つくえ》のなかから、八ペニヒ[*2]の切手が百四十枚《まい》見つかった。

さらにゲシュタポは、ハンスが学長室で破《やぶ》った原稿《げんこう》をつなぎ合わせたものと、ハンスの部屋から見つかったクリストフからの手紙を照らし合わせ、筆跡《ひっせき》が一致《いっち》することを突《つ》き止めた。

もう言い逃《のが》れはできない。ふたりは別の部屋にいながら、示《しめ》し合《あ》わせたかのように主張《しゅちょう》を変えた。

＊1　家宅捜索《かたくそうさく》…犯罪《はんざい》の証拠《しょうこ》となる物を見つける目的で、捜査員《そういん》が容疑者《ようぎしゃ》の家などに立ち入って捜《さが》し出すこと。

＊2　ペニヒ…ドイツの旧補《きゅうほ》助《じょ》通貨単位。百ペニヒが一マルク。

「白バラの活動は、すべて私《わたし》がやりました。」

証拠《しょうこ》が見つかった以上、認《みと》めなければ仲間が捕《つか》まるからだ。

しかし翌日《よくじつ》の十九日、クリストフが逮捕《たいほ》された。ヒトラーを批判《ひはん》したビラの原稿《げんこう》を書いたためだ。

ハンスらは日ごろの活動をするときに、家庭[*1]を持っているクリストフを巻《ま》き込《こ》みすぎないように注意を払《はら》っていた。落書きにも誘《さそ》っていない。しかし、たった一枚《まい》の原稿《げんこう》を書いたことにより、クリストフは逮捕《たいほ》されてしまった。

ハンスとゾフィーの取り調べは、裁判《さいばん》が行われる日まで四日間続き、ふたりはあくまでも毅然《きぜん》とした態度《たいど》で応じていた。

ハンスは、すべて自分が行ったと主張《しゅちょう》した。

「ドイツはこの戦争で勝利できない。私《わたし》はそう悟《さと》り、考えぬいた結果、道はひとつ。戦争を早く終わらせるしかないと思いました。ナチスが、占領《せんりょう》した地域《ちいき》やその民族に対して行って

＊1 家庭を持っている～…クリストフには妻《つま》と三人の子どもがいた。

いる仕打ちは、まさに耐《た》えがたいものです。私《わたし》はドイツの国民として、ドイツの未来に無関心でいたくない。行動で示《しめ》そうと決めて、ビラを書き、印刷しました。すべて私《わたし》がやりました。妹はビラを置くのを見ていただけですし、ほかの人はたとえ封筒《ふうとう》を買ったとしても、なにに使うか知らなかったはずです。」

ハンスの取り調べをしていたマーラーは、モーアに語った。

「こんなに力強い知性《ちせい》に出会ったことがない。我《われ》われは将来《しょうらい》、彼《かれ》のような指導者《しどうしゃ》を求めるのではないだろうか。」

モーアも、ゾフィーのしっかりとした考えに感心していた。

「兄とは戦争について話し合っていましたが、話しているだけでは、なにもしていないのと同じだと気づきました。ビラは兄とふたりだけで作りました。友人にも打ち明けましたが、関心を持ってもらえなかったのです。兄と私《わたし》が住んでいるアパートの大家さんも、もちろんなにも知りません。このことを知らせるときには、どうかショックを与《あた》えないようにお願いします。大家さんの娘《むすめ》さんが出産を控《ひか》えているからです。」

モーアには、ゾフィーと同じ年ごろの息子がいた。

せめてゾフィーだけでも助けられないか。

モーアはそう考え、取り調べのなかでゾフィーに、「兄についていっただけで、兄たちの考えに反対だった。」と言わせるような質問《しつもん》をした。

しかし、ゾフィーは受け入れなかった。

「私《わたし》は自分がしたことについて、きちんと理解《りかい》しています。いま私《わたし》が釈放《しゃくほう》されても、何度でも同じことをします。間違《まちが》ったことはしていないのですから。間違《まち》った考え方をしているのは、あなた方のほうです。」

現在《げんざい》のミュンヘン大学（正式名はルートヴィヒ・マクシミリアン大学）にある
ゾフィー・ショル像《ぞう》。（写真：アフロ）

彼《かれ》らを救《すく》いたいモーアの心とは裏腹《うらはら》に、ナチスの高官たちは、早く裁判《さいばん》をして処刑《しょけい》することを望んでいた。

ナチスを敵《てき》にまわすとどういうことになるのか、はっきりさせるためだ。

二月二十二日、民族裁判《さいばん》により、ナチ政権《せいけん》を批判《ひはん》した罪《つみ》で、三人に死刑《しけい》の判決《はんけつ》が下された。

その日の午後五時、処刑《しょけい》。

翌日《よくじつ》の二月二十三日、新聞に三人の死亡《しぼう》記事が掲載《けいさい》された。「不道徳な行為《こうい》をした者が、不名誉《ふめいよ》な死をとげた」と最後に記された、小さな記事だった。

彼《かれ》らの死が、すぐになにかを起こすことはなかった。

❖仲間の逮捕《たいほ》と処刑《しょけい》

ハンスとゾフィーが大学の前でゲシュタポに連行されるところを、アレックスはたまたま目撃《もくげき》し、自分も捕《つか》まると確信《かくしん》した。アレックスは、年上の女友だちに助けを求め、偽造《ぎぞう》[*1]されたパスポートをもらってオーストリアへ。そこでロシア人に助けてもらうはずが、手違《てちが》いで会えなかった。

ドイツに戻《もど》り、ホテルを営《いとな》むロシア人にかくまってもらうが、ホテルスタッフに通報《つうほう》される。ところが駆《か》けつけたゲシュタポがパスポートを本物だと信じて、釈放《しゃくほう》される。

スイスに逃《に》げようとしたが吹雪《ふぶき》で進めず、ミュンヘンに戻《もど》り友人を訪《たず》ねるが、友人が不安になり通報《つうほう》。ハンスたちが処刑《しょけい》された二日後の、二月二十四日の夜、ついに逮捕《たいほ》された。

そのときアレックスは、ハンスたちが死刑《しけい》になったことをまだ知らなかった。もちろん自分がそうなることも。

＊1 偽造《ぎぞう》…にせものを作ること。

ヴィリーはあの日、大学でハンスとゾフィーに会い、その後も落ち着かない様子でいたが、彼《かれ》らが逮捕《たいほ》されたのを知ったのは、アレックスから電話があったからだ。

「僕《ぼく》らも捕《つか》まるから、どこかへ身を隠《かく》すべきだ。」

しかし、ヴィリーは反対した。

「我《われ》われは軍の兵士《へいし》でもあるから、逃《に》げれば脱走兵《だっそうへい》になる。」

ヴィリーはその後、親類の家で食事をし、十八日の深夜に自《じ》宅《たく》に戻《もど》ったところで、妹のアンネリーゼとともに逮捕《たいほ》された。

ヴィリーは連行される前に、「軍服に着替《きが》えたい。」と申し出て、ゲシュタポが返事に戸惑《とまど》った一瞬《いっしゅん》のすきに、いつも持ち歩き、白バラの活動を詳《くわ》しく書きつづっていた日記帳を隠《かく》した。これによって、多くの仲間の命が救《すく》われた。

二月二十七日の早朝には、フーバー教授《きょうじゅ》も逮捕《たいほ》された。

その日、妻《つま》は下の男の子をつれて実家に帰っていた。玄関《げんかん》べルが鳴り、ドアを開けたのは十二歳《さい》の娘《むすめ》、ビルギットだった。

「父は、まだ寝《ね》ています。」

三人のゲシュタポはその声を無視《むし》し、家中を引っかき回したあとフーバー教《きょう》授《じゅ》を捕《つか》まえ、ビルギットに「泣《な》いたり騒《さわ》いだりせず学校に行き、父が逮捕《たいほ》されたと言わないこと。」と命じて立ち去った。ビルギットは、そのとおりにした。

ヴィリー、アレックス、フーバー教《きょう》授《じゅ》は、四月十九日に行われた裁判《さいばん》で、あの日と同じ「首切り裁判長《さいばんちょう》」ことフライスラーにより死刑《しけい》を宣告《せんこく》された。

そしてアレックスとフーバー教授《きょうじゅ》は、七月十三日に処刑《しょけい》された。

だが、ヴィリーだけはまだ処刑《しょけい》されなかった。ヴィリーは多くの都市の仲間とつながっているとにらんだゲシュタポが、ひとりでも多く、その名を聞き出そうとしたからだ。

実際《じっさい》、百八十人ほどの人とつながっていたという。

しかし判決《はんけつ》から六か月間、ヴィリーはひたすら黙秘《もくひ》*1を続け、ひとりの名も口にすることなく、処刑《しょけい》された。

白バラは、それぞれの散り方で、散った。

ショル家の人たちも逮捕《たいほ》され、父のローベルトには重労働による懲役《ちょうえき》二年の判決《はんけつ》が下った。弟のヴェルナーは、逮捕《たいほ》されずロシアの前線に送られ、その地で戦死した。

ほかにも白バラに関わったとされる百人以上の人がゲシュタポに逮捕《たいほ》され、尋問《じんもん》ののちに釈放《しゃくほう》される者、懲役刑《ちょうえきけい》が下される者、死刑《しけい》になる者がいた。

---

*1 黙秘《もくひ》…取り調べや裁《さい》判《ばん》などで、言いたくないことを黙《だま》っていること。

❖白バラのその後

「私《わたし》たちが死んで、私《わたし》たちのやってきたことが知れわたれば、ドイツの人たちにとって大きな波が訪《おとず》れるでしょう。」

処刑《しょけい》される一時間前に、ゾフィーは両親の目を見て言った。自分たちの死が、眠《ねむ》っている人びとの心を目覚めさせると思っていたからだ。

しかし、簡単《かんたん》にはそうならなかった。

ハンスとゾフィーが大学で逮捕《たいほ》されたとき、建物のすべての出入り口が封鎖《ふうさ》された。

学生たちはその場に立ち、ゲシュタポがふたりを連行していくのを、ただ黙《だま》って見ていた。

そのときのことを、ある男子学生が書き残している。

「私《わたし》は怒《いか》りと憎《にく》しみで、はらわたが煮《に》えくり返るような思いでしたが、なにかを言う勇気がありませんでした。これまで三回もゲシュタポに家宅捜索《かたくそうさく》をされて、取り調べも受け、もう懲《こ》りていましたから。それに、未熟《みじゅく》さと無知のために、逮捕《たいほ》された人を救《すく》う勇気を持っていなかったのです。」

余計《よけい》なことを言えば、自分も逮捕《たいほ》される。

当時のドイツにおいては、この学生たちの行動は仕方がないのかもしれない。

その一方で、ハンスとゾフィーが連行されたあと学長が学生たちに事態《じたい》を説明した際《さい》に、ハンスとゾフィーを「反逆者《はんぎゃくしゃ》」と批判《ひはん》すると、学生たちは「そうだ！」と言わんばかりに、足を踏《ふ》み鳴《な》らして歓声《かんせい》を上げたという。

また、ハンスたちが処刑《しょけい》された次の日に大学で演説《えんぜつ》があり、指導者《しどうしゃ》が演説《えんぜつ》でショルたちをののしったときにも、数百人の学生が歓声《かんせい》を上げ、足を踏《ふ》み鳴《な》らしたといわれている。

これは、どういうことだろう。

現在《げんざい》のミュンヘン大学（正式名はルートヴィヒ・マクシミリアン大学）のショル兄妹《きょうだい》広場。（写真：アフロ）

大学前の路面にある、ビラをタイルで模《も》した記念碑《きねんひ》。（写真：アフロ）

白バラのビラや落書きは、だれがやっているのか。

その正体がわからないうちは、どんな力を持った人物か期待していたのに、同じ大学の学生だとわかった途端《とたん》、拍子抜《ひょうしぬ》けした人もいたのかもしれない。人によっては、ハンスやゾフィーの行動力に嫉妬《しっと》する気持ちから、思わず非難《ひなん》したのかもしれない。大学にいるナチスの目を気にした人もいただろう。

ところがハンスたちが処刑《しょけい》された数日後、ミュンヘン大学の壁《かべ》に、だれかが白バラを称《たた》えるメッセージを書いた。

「ショルは生きている。体はなくなっても魂《たましい》はなくならない。」

それは白バラに胸《むね》を熱くした学生による、精一杯《せいいっぱい》の行動。

ハンスたちを称《たた》えれば、命が奪《うば》われる。

当時のドイツの人びとには、簡単《かんたん》にはできないことだった。

しかし、ドイツ以外の国の人には、それができた。

ハンスたちが処刑《しょけい》されたあと、複写《ふくしゃ》されたビラが、ナチスの支配下《しはいか》にない中立国のスウェーデンとスイスに持《も》ち込《こ》まれ、さらに連合国*1側のイギリスにも渡《わた》った。

イギリス空軍はビラを何万枚《まい》も複写《ふくしゃ》し、戦闘機《せんとうき》でドイツ各地の上空からばらまいた。

「この詩をたくさん印刷して、飛行機からドイツ中にばらまいてやろうじゃないか。」

ついに、かつて話していたとおりのことが起きたのだ。

またドイツ国内でもハンブルクの町を中心に、白バラの意志《いし》を受け継《つ》ぐ人たちがビラを複写《ふくしゃ》して配布《はいふ》する活動を続けていた。

ビラを見た多くの人が、戦争の実態《じったい》やユダヤ人の迫害《はくがい》について知り、ナチスに抵抗《ていこう》する考えを持ちはじめた。その動きは強制《きょうせい》収容所《しゅうようじょ》にも伝わり、収容《しゅうよう》されている人びとを勇気づけたという。

武力《ぶりょく》を使わず、人びとの考えを変える。

白バラが、咲《さ》いた。

＊1　連合国…6ページ脚注《きゃくちゅう》参照。

さらには、ドイツからアメリカに亡命《ぼうめい》[*1]したノーベル賞《しょう》作家、トーマス・マンが、ヨーロッパの人びとに向けてラジオ放送でこう語った。


「白バラ抵抗《ていこう》運動の学生たち！

勇気ある素晴《すば》らしい若者《わかもの》たちよ！

君たちの死は無駄《むだ》ではない。私《わたし》たちは決して忘《わす》れない。」


一九四五年、ドイツ軍はますます不利な状況《じょうきょう》に追《お》い込《こ》まれる。ソ連《れん》軍、アメリカ、イギリス、フランスの連合軍に攻《せ》められ、ヒトラーはベルリンの地下壕《ちかごう》にこもることとなった。

四月三十日、ヒトラーが自殺《じさつ》。

五月七日、ドイツは降伏《こうふく》した。

逮捕《たいほ》されたまま処刑《しょけい》の日を待っていた白バラの関係者は、連合軍によって釈放《しゃくほう》された。

＊1 亡命《ぼうめい》…政治的《せいじてき》な理由で自国から他国へ逃《のが》れること。

1945 年、連合国のベルリン攻撃《こうげき》によって破壊《はかい》されたドイツの国会議事堂《こっかいぎじどう》に向かうソ連兵《れんへい》。

（写真：アフロ）

第六章

白バラが伝えてくれること

❖白バラについて考える理由

現在《げんざい》、ミュンヘン大学の本部棟《とう》正面入口の前には、「ショル兄妹《きょうだい》広場」と呼《よ》ばれる広場（123ページ）があり、通りを渡《わた》った先には、「フーバー教授《きょうじゅ》広場」と名付けられた広場もある。大学の玄関《げんかん》ホールにはゾフィーのブロンズ像《ぞう》（115ページ）があり、その先には生き残った人や親族によって建てられた記念館もある。

いまや世界中から多くの人がミュンヘン大学を訪《おとず》れ、白バラのメンバーの勇気に敬意《けいい》を払《はら》っている。

また彼《かれ》らの勇敢《ゆうかん》な行動は本や映画《えいが》にもなり、人びとに正義《せいぎ》というものを問いかける。

そしてその正義《せいぎ》には、必ず悲しみがつきまとう。

はたして彼《かれ》らには、死という結末しかなかったのだろうか。

あのとき、大学にビラを置かなくても、ウルムのゲシュタポの捜査《そうさ》の手がハンスのすぐ後ろまでのびていたといわれているし、そうでなくとも、終戦までの二年もの間、ゲシュタポから逃《のが》れられただろうか。もし逃《のが》れることができていたとしたら、終戦まで彼《かれ》らはなにをしただろう。

その答えは、簡単《かんたん》には出ない。

それでも考えなければいけないのは、世界では今も戦争や内《ない》乱《らん》が起きており、世界大戦が今後も起きないとはいえないから。過《か》去《こ》を見つめ直すことは、未来に備《そな》えることになるからだ。

❖白バラの「正義《せいぎ》」と「悲劇《ひげき》」

白バラの抵抗《ていこう》運動が、伝えてくれたものはなんだろうか。

「私《わたし》はドイツの国民として、ドイツの未来に無関心でいたくない。行動で示《しめ》そうと決めて、ビラを書き、印刷しました。」

ハンスの言葉が蘇《よみがえ》る。

当時の多くのドイツ人は、自分や家族のために、目の前のことに無関心でいることしかできなかった。

そんななか、白バラのメンバーは戦争を否定《ひてい》し、平和と自由を取り戻《もど》すため、自らの考えを信じて行動した。

「兄とは戦争について話し合っていましたが、話しているだけでは、なにもしていないのと同じだと気づきました。」

逮捕《たいほ》されてなお、ゾフィーはそう主張《しゅちょう》した。

当時のドイツで実際《じっさい》に行動を起こすには、どれほどの勇気が必要だっただろう。

しかもその行動とは、武力《ぶりょく》を使わずに闘《たたか》うこと。

それが、白バラから学ぶ、真の「正義《せいぎ》」である。

そして、白バラの「悲劇《ひげき》」とは、彼《かれ》らが正義《せいぎ》を貫《つらぬ》いたことで、彼《かれ》らの命が落とされたことだ。

正義《せいぎ》のために、落としていい命はひとつもない。

しかし戦争が起きると、それが通用しなくなる。

「私《わたし》たちの首は今日落ちますが、あなたがたの首も、あとから落ちるのですよ。」

ゾフィーはわかっていた。

真の正義《せいぎ》を貫《つらぬ》くためには、自分の命を犠牲《ぎせい》にしなければならないことを。

白バラが伝えてくれること。それは正義《せいぎ》だけではない。

ひとたび戦争が起きると、「正義《せいぎ》」がいとも簡単《かんたん》に「悲劇《ひげき》」になるということだ。

彼《かれ》らの死を無駄《むだ》にしないためにも、まず戦争が起きないように、そして、まやかしの平和を信じてしまわないように、戦争と平和に敏感《びんかん》でいなければならない。

無関心でいてはいけない。

真の平和を貫《つらぬ》くために、だれにも戦争を起こさせないために、見ること、聞くこと、考えること。

賢《かしこ》くあること。

白バラの、命がけの正義《せいぎ》を胸《むね》に。

（終わり）

もっとよくわかる！

白バラ

白バラのナチス抵抗《ていこう》運動とは、どんな運動だったのか、
くわしく見てみましょう。

（写真：アフロ）

犯罪《はんざい》について知りながら
無関心でいることは、同罪《どうざい》である。

（第２号の白バラのビラより）

構成・文／オフィス・イディオム

白バラって
どんな運動？

お話の中に出てきた、白バラの運動について、さらにくわしく見てみましょう。

白いバラは純潔《じゅんけつ》や正義《せいぎ》の象徴《しょうちょう》

ドイツのミュンヘン大学の学生グループを中心としたナチス抵抗《ていこう》運動のことを「白バラ」と呼《よ》んでいるのは、ハンス・ショルが差出人の名前を書かずに、ビラの見出しに「白バラのビラ」と書いたからです。

白いバラはキリスト教では、聖母《せいぼ》マリアを象《しょう》徴《ちょう》し、「純潔《じゅんけつ》」や「正義《せいぎ》」といった意味があります。

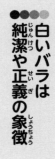

ヒトラーを批判《ひはん》した キリスト教会の司教

ハンスたちが行動を起こす前に、公然とヒトラーやナチ政権《せいけん》を批判《ひはん》する人がいました。ドイツのミュンスターでキリスト教の司教を務《つと》めたガーレン司教です。

ガーレン司教は教会での説教で、ナチ政権《せいけん》が障《しょう》がいを持つ人たちを殺《ころ》している政策《せいさく》をくり返し批判《ひはん》しました。ナチスが司教を逮捕《たいほ》しなかった理由は、ガーレン司教は市民から信頼《しんらい》され、大きな影響力《えいきょうりょく》を持っていたためでした。司教を逮捕《たいほ》することで、ナチ政権《せいけん》に対する批判《ひはん》が市民全体に拡大《かくだい》することを恐《おそ》れたのです。

また、当時の新聞やラジオは政府《せいふ》が管理していたため、ガーレン司教の発言が一般《いっぱん》のドイツ国民には知られないと考えてもいました。

ところが、ガーレン司教の説教を聴《き》いた信者が別の信者にその言葉を伝え、またその信者が別の都市の信者に伝えるといった形でどんどん広まり、ミュンヘンに住むハンスたちにも伝わったと考えられます。

自分たちと同じ考えで発言するガーレン司教の存在《そんざい》に勇気づけられたことで、ハンスたちはビラをまいたり、落書きをしたりする行動を起こしたのかもしれません。

届《とど》いたビラを複写《ふくしゃ》して、広めた人たちもいた

白バラのビラの最後には、「この文書をできるだけ多く複写《ふくしゃ》し、ほかの人に配布《はいふ》してくださるようお願いする!」と書いてありました。

戦後になってわかったことですが、ビラを受け取った人の中には、白バラの考えに共感して、夜中にこっそりとビラを写してほかの人に配った人たちもいました。

白バラに関わった人びと

白バラ抵抗《ていこう》運動に関わったおもな人物を見てみましょう。

ハンス・ショル

（1918 ～ 1943）

白バラ運動の中心人物

はじめはヒトラーユーゲントを支持《しじ》していましたが、のちに離《はな》れて反ナチス運動を始めました。

ミュンヘン大学や読書会などで知り合った仲間とともに、反ナチスのビラをまいたり、落書きをしたりしました。その後、捕《と》らえられて処刑《しょけい》されました。

ゾフィー・ショル

（1921 ～ 1943）

兄ハンスに共感して参加

ハンスの妹。手に入れた白バラのビラに共感し、そのビラは兄が作ったことを知って、白バラの運動に参加しました。

兄とともにミュンヘン大学にビラを置いた後に用務員《ようむいん》に見つかって捕《と》らえられ、国家に対する反逆《はんぎゃく》罪《ざい》で処刑《しょけい》されました。

クリストフ・プロープスト

（1919 ～ 1943）

ショル兄妹《きょうだい》とともに処刑《しょけい》

ハンスとともに白バラのビラを作りました。ショル兄妹《きょうだい》が逮捕《たいほ》されたときは、兵役《へいえき》でインスブルックにいましたが、ハンスの持ち物から名前が見つかり、逮捕《たいほ》されてミュンヘンに連《つ》れ戻《もど》されました。その後、ショル兄妹《きょうだい》とともに裁判《さいばん》で死刑判決《しけいはんけつ》を受けて処刑《しょけい》されました。

アレクサンダー・シュモレル

(1917 ～ 1943)

ハンスとともに反ナチスのビラを作った

通称《つうしょう》アレックス。ハンブルク大学からミュンヘンに戻《もど》ったときにハンスたちと知り合い、運動を始めました。ハンスとともにビラを書いたり、「打倒《だとう》ヒトラー」と落書きをしたりしました。

ショル兄妹《きょうだい》が逮捕《たいほ》されたとき、スイスに亡命《ぼうめい》しようとしましたが、逮捕《たいほ》されてフーバー教授《きょうじゅ》とともに処刑《しょけい》されました。

ヴィリー・グラーフ

(1918 ～ 1943)

ほかの都市の大学生と連携《れんけい》をはかった

ボン大学から転校したミュンヘン大学でハンスたちと知り合い、白バラの運動に参加。ミュンヘン以外のドイツの都市でビラを配り、ほかの大学の抵抗《ていこう》グループとの連《れん》携《けい》をはかりました。

ショル兄妹《きょうだい》と同じ日に逮捕《たいほ》され、協力者を白状《はくじょう》させるために処刑《しょけい》を延期《えんき》されましたが、最期《さいご》まで仲間の名前を言いませんでした。

クルト・フーバー教授《きょうじゅ》

(1893 ～ 1943)

学生たちに協力したミュンヘン大学の教授《きょうじゅ》

ミュンヘン大学で教え子だったハンスたちメンバーの考えに理解《りかい》を示《しめ》し、運動に参加しました。学生に向けたビラの原稿《げんこう》を書きましたが、途中《とちゅう》で運動方針《ほうしん》をめぐってハンスたち学生と対立しました。

ショル兄妹《きょうだい》が処刑《しょけい》されたあと、仲間を捜索《そうさく》していたゲシュタポ（ナチスの秘密警察《ひみつけいさつ》）に逮捕《たいほ》されて処《しょ》刑《けい》されました。

語《かた》り継《つ》がれる白バラ

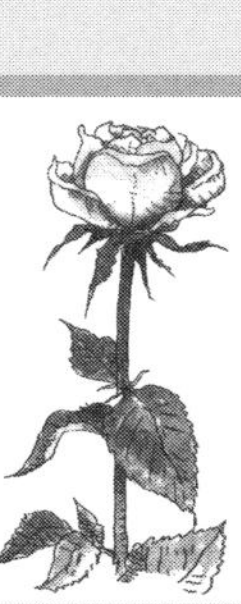

現在《げんざい》のドイツでは、白バラの抵抗《ていこう》運動で命を落とした若者《わかもの》たちのことを語《かた》り継《つ》いでいます。

本や映画《えいが》で広まった白バラの存在《そんざい》

白バラの中心メンバーは、ドイツ敗戦の二年前に処刑《しょけい》され、運動は終止符《しゅうしふ》を打ちましたが、白バラのビラを手に入れた連合国軍は、ドイツを降伏《こうふく》させるための「伝単《でんたん》（宣伝《せんでん》ビラ）」として、複写《ふくしゃ》して何万枚《まい》も飛行機でばらまきました。しかし連合国軍も、このビラをだれが書いたのか知りませんでした。

戦後、ショル兄妹《きょうだい》の姉、インゲ・ショルや生き残ったメンバーたちの証言《しょうげん》によって、ナチスに抵抗《ていこう》し、若《わか》くして命を落とした若者《わかもの》たちのことが世の中に知られるようになりました。

その後、ドイツでは白バラの抵抗《ていこう》運動を伝える本や映画《えいが》などが作られて、彼《かれ》らの勇気ある行動を語《かた》り継《つ》いでいます。

処刑《しょけい》された白バラメンバー。左から、ハンス・ショル、ゾフィー・ショル、クリストフ・プロープスト。

ミュンヘン大学で語《かた》り継《つ》がれる白バラ

現在《げんざい》、ミュンヘン大学（ルートヴィヒ・マクシミリアン大学）には白バラのメンバーを記念したさまざまなものがあり、ドイツ国内からだけでなく、外国からも観光客が訪《おとず》れています。

まず、ミュンヘン大学前の石畳《いしだたみ》の路面には、白バラのビラをセラミックのタイルで模《も》した記念碑《きねんひ》があります。

大学前の路面にあるビラの記念碑《きねんひ》。

そして、玄関《げんかん》ホールの右手奥《おく》の壁《かべ》には「ゾフィー・ショル像《ぞう》」が設置《せっち》され、今も花が供《そな》えられています。その先には、「白バラ記念館」があり、ハンスが使ったタイプライターや手紙など、白バラに関する資料《しりょう》が展示《てんじ》されています。

大学のそばには「ショル兄妹《きょうだい》広場」や「フーバー教授《きょうじゅ》広場」と呼《よ》ばれる広場があり、また、ミュンヘン以外のドイツの都市にも、「ショル兄妹《きょうだい》学校」という名前の学校や、「ショル兄妹《きょうだい》通り」という通りがあり、ショル兄妹《きょうだい》の名前を後世に伝えています。

ゾフィー・ショル像《ぞう》。

ミュンヘン大学のショル兄妹《きょうだい》広場。

（写真：アフロ）

白バラ 関連地図

白バラに関係したおもな場所を、現《げん》在《ざい》の地図で見てみましょう。

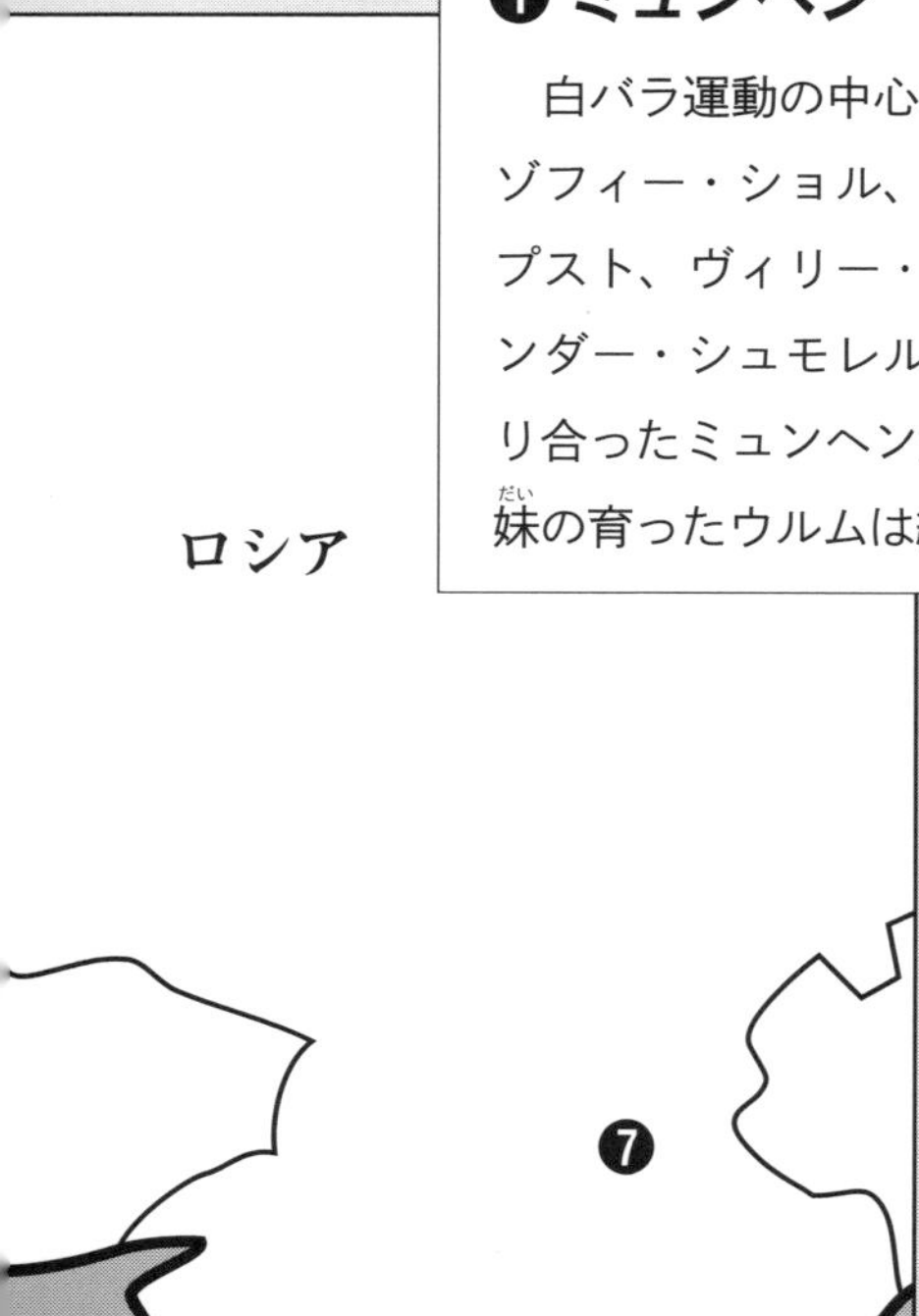

❶ ミュンヘン

　白バラ運動の中心地。ハンス・ショル、ゾフィー・ショル、クリストフ・プロープスト、ヴィリー・グラーフ、アレクサンダー・シュモレル、フーバー教授《きょうじゅ》が知り合ったミュンヘン大学がある。ショル兄《きょう》妹《だい》の育ったウルムは約 120km 西にある。

❷ ニュルンベルク

　ハンス・ショルがヒトラー・ユーゲントの旗手《きしゅ》としてナチスの党《とう》大会に参加した場所。ナチスの理想に幻滅《げんめつ》し、反ナチス運動を始めるきっかけとなった。

❸ ボン

　ヴィリー・グラーフはミュンヘン大学に転入する前にボン大学医学部に通っていた。

❼スターリングラード

ロシア南西部にある都市で、現在《げんざい》のヴォルゴグラード。半年以上にわたる攻防戦《こうぼうせん》の末にドイツ軍がソ連《れん》軍に敗北した激戦《げきせん》地《ち》。ハンスたちは第６号のビラでこの敗北を伝え、ヒトラーの政策《せいさく》を批判《ひはん》した。

❹ハンブルク

アレクサンダー・シュモレルはハンブルク大学医学部に通っていたが、ミュンヘンに戻《もど》ったときに、ハンスやヴィリーと知り合った。

❻インスブルック

兵役《へいえき》についていたクリストフ・プロープストが逮捕《たいほ》された場所。当時はドイツ領《りょう》。

❺ベルリン

ドイツの首都。フーバー教授《きょうじゅ》は一時期ここで勤務《きんむ》したのち、再《ふたた》びミュンヘン大学の講師《こうし》となった。

※ヨーロッパ周辺地図。（国境線は現在《げんざい》のもの）

白バラ年表

白バラ運動について、その流れをたどってみましょう。

西暦《せいれき》	白バラのできごと
1933年	このころ、ハンス・ショルがヒトラーユーゲントに加わる。
1935年	アレクサンダー・シュモレル（アレックス）とクリストフ・プロープストがミュンヘンの高等学校で知り合い、親しくなる。
1936年	ニュルンベルクでのナチスの党大会《とうたいかい》に参加したハンスが、ナチスの理想に幻滅《げんめつ》し、青年団《せいねんだん》「ド青11・1」の支部《しぶ》を結成。
1937年	ハンスが禁止《きんし》された活動をしたことで、ゲシュタポに逮捕《たいほ》される。
1939年	ハンスとクリストフがミュンヘン大学医学部に入学。 ヴィリーがボン大学からミュンヘン大学に移《うつ》る。
1940年	ミュンヘン学生中隊に入隊したハンスとアレックスが知り合う。
1942年	5月上旬《じょうじゅん》、ゾフィー・ショルがミュンヘン大学に入学。 6月から7月、ハンスたちが第一号～第三号のビラを配布《はいふ》。 7月下旬《げじゅん》、第四号のビラを配り終えたあと、ハンス、アレックス、

社会のできごと

1933年　ヒトラーがドイツの首相に就任《しゅうにん》。

1935年　ドイツ国内のユダヤ人を排《はい》除《じょ》する「ニュルンベルク法」が成立。

1939年　ドイツがポーランドに侵攻《しんこう》し、第二次世界大戦《だいにじせかいたいせん》が始まる。

1941年　ドイツ軍がソ連《れん》に侵攻《しんこう》。
ドイツ・ミュンスターのガーレン司教がナチ政権《せいけん》を批判《ひはん》。

1943年

11月下旬《げじゅん》、ヴィリーがロシア戦線の兵役《へいえき》につく。
クリストフがインスブルックに配属《はいぞく》となる。

1月9日、ハンスとヴィリーがフーバー教授《きょうじゅ》の家で、抵抗《ていこう》運動の方法を話し合う。

1月13日、ミュンヘン大学の創立《そうりつ》記念式典で、管区長の演説《えんぜつ》に反発した学生と突撃隊《とつげきたい》との間でトラブルが起きる。

2月3日、このころから、ハンス、アレックス、ヴィリーが深夜に「ヒトラー打倒《だとう》！」の落書きを始める。

2月15日、1月に配布《はいふ》した第五号のビラに続き、第六号を配布《はいふ》。

2月18日、ハンスとゾフィーがミュンヘン大学にビラを置いた後に目撃《もくげき》され、逮捕《たいほ》される。

その夜、下宿に戻《もど》ったヴィリーが逮捕《たいほ》される。

2月19日、インスブルックにいたクリストフが逮捕《たいほ》される。

2月22日、ハンス、ゾフィー、クリストフが国家に対する反逆罪《はんぎゃくざい》の判決《はんけつ》を受けて処刑《しょけい》される。

2月24日、アレックスがミュンヘンで逮捕《たいほ》される。

7月13日、アレックスとフーバー教授《きょうじゅ》が処刑《しょけい》される。

10月12日、ヴィリーが処刑《しょけい》される。

1943年　スターリングラードのドイツ軍がソ連《れん》軍に降伏《こうふく》。

1944年　ヒトラーが暗殺《あんさつ》されそうになるが、未遂《みすい》に終わる。

1945年　ヒトラーが自殺《じさつ》し、ドイツが連合国に降伏《こうふく》。

NDC 289

文 / 間部 香代

新伝記

平和をもたらした人びと 2巻

白バラ

Gakken 2024　144P　21cm

ISBN 978-4-05-501408-3　C8323

新伝記　平和をもたらした人びと 2巻

白バラ

2024年4月9日　第１刷発行

発行人／土屋　徹

編集人／芳賀靖彦

編集担当／田所佳奈　渡辺雅典

発行所／株式会社Gakken

〒141-8416　東京都品川区西五反田2-11-8

印刷所／TOPPAN株式会社

製本所／株式会社難波製本

装丁・本文デザイン／荒井桂子
（@ARAI DESIGN ROOM）

イラスト／大塚洋一郎

構成・編集協力／松本義弘
（オフィス・イディオム）

写真／アフロ

校閲・校正／入澤宣幸　岩崎美穂　鈴木一馬

この本に関する各種お問い合わせ先

・本の内容については、下記サイトのお問い合わせフォームよりお願いします。
https://www.corp-gakken.co.jp/contact/

・在庫については、Tel 03-6431-1197（販売部）

・不良品（落丁、乱丁）については、
Tel 0570-000577（学研業務センター）
〒354-0045 埼玉県入間郡三芳町上富 279-1

・上記以外のお問い合わせは、
Tel 0570-056-710（学研グループ総合案内）

白バラ　ナチスに抵抗し命を散らした若者たち

● 参考文献

『白バラは散らず ドイツの良心 ショル兄妹』インゲ・ショル 著　内垣啓一 訳（未來社）

『正義の声は消えない　反ナチス・白バラ抵抗運動の学生たち』
ラッセル・フリードマン 著　渋谷弘子 訳（汐文社）

『ミュンヒェンの白いばら　ヒトラーに抗した若者たち』山下公子 著（筑摩書房）

『白バラ抵抗運動の記録　処刑される学生たち』C・ペトリ 著　関楠生 訳（未來社）

『権力と良心　ヴィリー・グラーフと「白バラ」』
クラウス・フィールハーバー他 編　中井晶夫、佐藤健生 訳（未來社）

『白バラの声　ショル兄妹の手紙』
ハンス・ショル、ソフィー・ショル 著　インゲ・イェンス 編　山下公子 訳（新曜社）

『白バラ -反ナチ抵抗運動の学生たち』関楠生 著（清水書院）

『白バラを生きる　ナチに抗った七人の生涯』
M.C. シュナイダー、W. ズュース 著　浅見昇吾 訳（未知谷）

『ゾフィー 21 歳［新版］ヒトラーに抗した白いバラ』ヘルマン・フィンケ 著　若林ひとみ 訳（草風館）

『白バラの祈り ゾフィー・ショル、最期の日々 オリジナル・シナリオ』
フレート・ブライナースドルファー 著　瀬川裕司、渡辺徳美 訳（未來社）

『「白バラ」尋問調書『白バラの祈り』資料集』
フレート・ブライナースドルファー 編　石田勇治、田中美由紀 訳（未來社）

『「白バラ」を忘れない -反戦ビラの過去と今と（母と子でみる A50)』
早乙女勝元 著　久保崎輯 絵（草の根出版会）

『第三帝国の歴史　画像でたどるナチスの全貌』ヴォルフガング・ベンツ 著　斉藤寿雄 訳（現代書館）

『Die Weiße Rose (Die Zeit des Nationalsozialismus - Schwarze Reihe)』(German Edition)
Inge Scholl 著　Ilse Aichinger 序論（FISCHER Taschenbuch）